秦培春

/编写

庄子恒言录

吉林教育出版社

图书在版编目(CIP)数据

庄子恒言录 / 秦培春编写. － 长春：吉林教育出
版社，2012.6（2018.2 重印）
（和谐校园文化建设读本）
ISBN 978－7－5383－8761－2

Ⅰ. ①庄… Ⅱ. ①秦… Ⅲ. ①庄周（前 369～前 286）
－语录－青年读物②庄周（前 369～前 286）－语录－少年
读物 Ⅳ. ①B223.5－49

中国版本图书馆 CIP 数据核字(2012)第 116011 号

庄子恒言录　　　　　　　　　　　　　　　　　　　秦培春　编写

策划编辑 刘　军　　潘宏竹
责任编辑 庞　博　　　　　　　　　　　　**装帧设计** 王洪义

出版 吉林教育出版社（长春市同志街 1991 号　邮编 130021）
发行 吉林教育出版社
印刷 北京一鑫印务有限责任公司
开本 710 毫米×1000 毫米　1/16　13 印张　　**字数** 165 千字
版次 2012 年 6 月第 1 版　2018 年 2 月第 2 次印刷
书号 ISBN 978－7－5383－8761－2
定价 39.80 元

编 委 会

主　　编：王世斌

执行主编：王保华

编委会成员：尹英俊　尹曾花　付晓霞
　　　　　　刘　军　刘桂琴　刘　静
　　　　　　张　瑜　庞　博　姜　磊
　　　　　　潘宏竹
　　　　　　（按姓氏笔画排序）

总 序

千秋基业，教育为本；源浚流畅，本固枝荣。

什么是校园文化？所谓"文化"是人类所创造的精神财富的总和，如文学、艺术、教育、科学等。而"校园文化"是人类所创造的一切精神财富在校园中的集中体现。"和谐校园文化建设"，贵在和谐，重在建设。

建设和谐的校园文化，就是要改变僵化死板的教学模式，要引导学生走出教室，走进自然，了解社会，感悟人生，逐步读懂人生、自然、社会这三部天书。

深化教育改革，加快教育发展，构建和谐校园文化，"路漫漫其修远兮"，奋斗正未有穷期。和谐校园文化建设的研究课题重大，意义重要，内涵丰富，是教育工作的一个永恒主题。和谐校园文化建设的实施方向正确，重点突出，是教育思想的根本转变和教育运行机制的全面更新。

我们出版的这套《和谐校园文化建设读本》，全书既有理论上的阐释，又有实践中的总结；既有学科领域的有益探索，又有教学管理方面的经验提炼；既有声情并茂的童年感悟，又有惟妙惟肖的机智幽默；既有古代哲人的至理名言，又有现代大师的谆谆教诲；既有自然科学各个领域的有趣知识，又有社会科学各个方面的启迪与感悟。笔触所及，涵盖了家庭教育、学校教育和社会教育的各个侧面以及教育教学工作的各个环节，全书立意深邃，观念新异，内容翔实，切合实际。

我们深信：广大中小学师生经过不平凡的奋斗历程，必将沐浴着时代的春风，吸吮着改革的甘露，认真地总结过去，正确地审视现在，科学地规划未来，以崭新的姿态向和谐校园文化建设的更高目标迈进。

让和谐校园文化之花灿然怒放！

本书编委会

目 录

入 世

入 世

夫小惑易方，大惑易性

夫小惑易①方，大惑易性。何以知其然邪？自虞氏招②仁义以挠③天下也，天下莫不奔命于仁义，是非以仁义易其性与④？

——《骈拇》

注释：①易：改变。②招：以……为号召。③挠：扰乱。④与（yú）：通"欤"，表反问。

译文：小的迷惑能够让人弄错方向，大的迷惑能够让人改变本性。如何知道是这样的呢？自从虞舜打着仁义的旗号搅乱了天下后，天下的人无不为仁义而奔走效命，这不就是用仁义改变了人的本性吗？

浅析

在这个充满竞争的社会中，人的一生会面临着各种迷惑和挫折。战胜小的迷惑会给我们的人生增添一些难得的经验，如果能够战胜大的迷惑，那么我们的人生就会更加的真实和有意义。小迷惑只是改变我们的方向，使人生的道路更加弯曲，这些弯路为我们战胜大迷惑提供了宝贵的经验，因为在走这些弯路的时候，我们能更加清楚地认识自己，看清自己真正想要的东西，这样也就能不在大迷惑面前困惑。

故事链接

俄国大文豪托尔斯泰写了一本寓言故事集《呆子伊凡》，里面有一个故事是这样的：有个老魔鬼看到人们在人间生活得太幸福了，他说：

"我们要去扰乱一下，要不然魔鬼就不存在了。"

他先派了一个小魔鬼去扰乱一个农夫。因为他看到那农夫每天辛勤地工作，即使所得少得可怜，但他还是那么快乐，非常知足。

我把他的田地变得很硬，但他一点抱怨也没有。

小魔鬼就开始想，要怎样才能把农夫变坏呢？他就把农夫的田地变得很硬，让农夫知难而退。那农夫敲半天，做得好辛苦，但他只是休息一下，还是继续敲，没有一点抱怨。小魔鬼看到计策失败，只好摸摸鼻子回去了。

老魔鬼又派了第二个去。第二个小魔鬼想，既然让他更加辛苦也没有用，那就拿走他所拥有的东西吧！那小魔鬼就把他午餐的面包跟水偷走。他想，农夫做得那么辛苦，又累又饿，却连面包跟水都不见了，这下子他一定会暴跳如雷！

农夫又渴又饿地到树下休息，想不到面包跟水都不见了！"不晓得是哪个可怜的人比我更需要那块面包跟水？如果这些东西就能让他得温饱的话，那就好了。"第二个魔鬼又失败了。

我偷走了他的面包和水，但他却忍着饥饿，继续干活。

老魔鬼觉得奇怪，难道没有任何办法能使这农夫变坏？这时第三个小魔鬼出来了。他对老魔鬼讲："我有办法，一定能把他变坏。"小魔鬼先去跟农夫做朋友，农夫很高兴地和他做了朋友。因为魔鬼有预知的能力，他就告诉农夫，明年会有干旱，教农夫把稻种在湿地上，农夫便照做了。结果第二年别人没有收成，只有农夫的收成满坑满谷，他就因此而富裕起来了。小魔鬼又每年都对农夫说当年适合种什么，三年下来，这农夫就变得非常富有。他又教农夫把米拿去酿酒贩卖，赚取更多的钱。慢慢地，农夫开始不工作了，靠着贩卖的方式，就能获得大量金钱。有一天，老魔鬼来了，小魔鬼就告诉老魔鬼说："您看！我现在要展现我的成果。这农夫现在已经有猪的血液了。"只见农夫办了个晚宴，所有的富人都来参加，喝最好的酒，吃最精美的餐点，还有很多的仆人侍候。他们非常浪费地吃喝，衣裳零乱，醉得不省人事，开始变得像猪一样痴肥愚蠢。"您还会看到他身上有着狼的血液。"小魔鬼又说。这时，一个仆人端着葡萄酒出来，不小心跌了一跤。农夫就开始骂他："你做事这么不小心！""唉！主人，我们到现在都没有吃饭，饿得浑身无力。""事情没有做完，你们怎么可以吃饭！"老魔鬼见了，高兴地对小魔鬼说："唉！你太了不起了！你是怎么办到的？"小魔鬼说："我只不过是让他拥有比他需要的更多而已，这样就可以引发他人性中的贪婪。"

　　心若改变，农夫的态度跟着改变；态度改变，农夫的习惯跟着改变；习惯改变，农夫的性格跟着改变；性格改变，农夫的人生跟着改变。

🌹 启示

　　庄子一向都是崇尚自然，主张"无为而治"。小的迷惑能够使人迷失方向，但迷失方向之后还能找到正确的方向，因为"性者生之质也"。但如果人为的力量能大到让人看不清自己的本性时，那么这个迷惑可就太大了。而庄子认为这种大的迷惑就是尧舜所讲的仁义，这些仁义加上了人为的烙印，使天下人的本性错乱。

毁绝钩绳而弃规矩，
攦工倕之指，而天下始人有其巧矣

毁绝钩绳而弃规矩，攦^①工倕^②之指，而天下始人有其巧矣。故曰：大巧若拙。

——《胠箧》

注释： ①攦（lì）：折断。②工倕（chuí）：古时巧匠。

译文： 将钩弧与绳墨线毁掉，将圆规和角尺抛掉，将工倕的手指弄断，这样天下人才能够保持他们原有的智巧。所以说：最大的巧恰好与笨拙一样。

🌹 浅析

这句话最初是出于老子的"大直若屈，大巧若拙，大辩若讷"一句中，意思是：表面上委曲随和而内心正直的人才是最正直的人；表面上笨拙而内心清明的人才是最聪明的人；真正有口才的人不在于巧言令色而在于发言持重、锋芒不露。庄子则对其有了更深一步的认识：世俗的聪明只是对扭曲的天性的适应，真正的聪明应该是天然雕饰的。

🌹 故事链接

宋朝的时候，有一次画院招考画师，考试的题目是"踏花归去马蹄香"。有的人画了一些花瓣，一青年骑着马在花瓣上行走；有的人画了一匹骏马，一青年骑在马上从花丛中疾驰，非常有气势；有的人在马蹄旁画

着纷飞的花瓣；只有一位根本没画花瓣，而画的是一些蝴蝶在马蹄的周围飞舞。这张画被评为最佳。

🌹 启示

要学会在雾里看花，抛开眼前令人迷惑的利益，避免犯下耍小聪明的错误。我们不能以成败论英雄、不能过于计较人世间的得与失，而应该以大忍之心善待天下所有的众生，这才是真正的大智慧，是大智若愚、大巧若拙的真实体现。

贵贱之分，在行之恶美

故势为天子①，未必贵也；穷为匹夫，未必贱也；贵贱之分，在行之恶美。

——《盗跖》

注释：①势为天子：权势大如天子的人。

译文：权势像天子一样大，不一定就尊贵；穷困得像普通百姓一样，不一定就卑贱；贵贱之间的区别在于其行为的优劣。

🌹 浅析

什么才是真正的贵贱呢？子张说，桀与纣虽然富有天下，看起来似乎很高贵。但如果对地位卑贱的奴仆说，他的品行如同桀纣，那么他肯定会惭愧不已，这是因为桀纣的所作所为连地位卑贱的人也瞧不起。仲尼和墨翟虽然穷困到跟普通百姓一样，但是如果对官居宰相地位的人说，他的品行如同仲尼和墨翟，那么他就会觉得自己很高贵。所以只有德行的美丑才能区别真正的高贵与低贱。

🌹 故事链接

有一位单身女子刚搬了家，她发现隔壁住了一户穷人，一个寡妇与两个小孩。有天晚上，那一带忽然停了电，那位女子只好自己点起了蜡烛。没一会儿，忽然听到有人敲门。原来是隔壁邻居的小孩，只见他紧张地问："阿姨，请问你家有蜡烛吗？"

女子心想："他们家竟穷到连蜡烛都没有吗？千万别借他们，免得被他们依赖了！"于是，对孩子吼了一声说："没有！"

正当她准备关上门时，那穷小孩展开关爱的笑容说："我就知道你家一定没有！"说完，竟从怀里拿出两根蜡烛，说："妈妈和我怕你一个人住又没有蜡烛，所以我带两根来送你。"此刻女子自责、感动得热泪盈眶，将那孩子紧紧地抱在怀里。

启示

在道家的思想里，万物都是平等的。"天地不仁，以万物为刍狗。"世间万物都是由气而生，气聚而生，气散而亡。所有的生命都有其自己存在的价值，这就是生态伦理学中的平等观念。卑微的野草也值得我们尊重，它恪守着野草的本分，这种德行与参天的巨树是一样的。所以存在即为真理，恪守本分就不需要计较贵贱。

非彼无我，非我无所取

非彼无我，非我无所取①。是亦近②矣，而不知其所为使③。

——《齐物论》

注释：①取：呈现。②近：相互接近。③所为使：为……所驱使。

译文：没有与我相对应的就没有我，没有我就没有与我相对应的。这样我与我的对应者也就接近于统一了，然而却不知道这都是受什么所驱使的。

浅析

这句话的意思是说，世间万物没有完全独立的物体存在，它们相互之间都有着千丝万缕的联系，所以也就没有绝对的正确与错误。对事物的认识都是凭借一个参照体，在与参照体的比较中才有了是非、大小等对立观念，所以这些对立观念只有依附于参照体才能存在。参照体变了，对立的观点也就变了，所以我们不能以绝对的眼光来看待世间万物。

故事链接

在一个三九天，天上下起了大雪。有一个县官、一个财主和一个秀才在财主家的楼上围炉饮酒，而在楼下则有一个要饭的乞丐，又冷又饿。秀才先吟了一句："大雪纷纷落地。"吃皇粮的县官接着道："全是皇家瑞气。"不愁吃喝的大财主说："下他三日何妨。"楼下要饭的乞丐听后气得骂道："不管我的死活。"天下大雪，不同处境的人就会有不同的是非判断，就会有不同的喜爱憎恶。

启示

万事万物都没有一个绝对的判断标准，所以面对是非，唯有"难得糊涂"。特别是在人际关系纷繁复杂的当今社会，"难得糊涂"早已经成为人际交往的处世哲学。那么如何才能真正做到"难得糊涂"呢？做到这点不是故弄玄虚，也不是装疯卖傻，而是要做到无此无彼，无是无非，趋于大同。既然无法真正理清是非，那么就不妨用自己的真性情去面对，这就是真正的"难得糊涂"啊！

礼者，世俗之所为也；真者，所以受于天也，自然不可易也

礼者，世俗之所为也；真者，所以受于天也，自然不可易①也。故圣人法②天贵真，不拘于俗。愚者反此。

——《渔父》

注释： ①易：改变。②法：效法。

译文： 礼仪，是世俗人行事的方法；纯真，却是自然的禀赋，自然也就是不可以更改。所以圣哲的人总是效法天道，注重真性，使自己不受世俗的拘束。愚昧之人则与此相反。

🌹 浅析

出于内心真实的感情才是真正的礼仪，仪式化的东西总是有一些虚假。勉强啼哭并不能代表哀伤，勉强发怒并不代表威严，勉强亲热并不代表和善。真实的感情不需要仪式来表达。自然的真性存在于内心，外在的神情则只是形式而已，内在的真情比外在的形式更加重要。真情的付出只是要通过一个合适的媒介。礼仪的行为，只是传递真情的媒介，而不能被认为是真性情，真的性情发于自然，是不可改变的。

🌹 故事链接

草原上有对狮子母子。小狮子问母狮子："妈，幸福在哪里？"母狮子说："幸福就在你的尾巴上。"

于是小狮子不断追着尾巴跑，但始终咬不到。

母狮子笑道："傻瓜！幸福不是这样得到的！只要你昂首向前走，幸福就会一直跟随着你！"

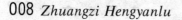

所谓"精诚所至，金石为开"，率性而为、真情流露不仅可以使自己摆脱很多世俗的烦恼，而且可以结交很多真性情的朋友。而庸俗的人，被礼仪的表面形式所束缚，没有发现真情本性的美好所在，庸庸碌碌地在流俗中承受着变化，计算着得与失。所以，生命之贵，贵于真诚，做个真实、自然的自己，才可以简单，可以幸福，可以永恒。

无门无毒，一宅而寓于不得已，则几矣

若能人游其樊①而无感其名，入②则鸣，不入则止。无门无毒③，一宅④而寓于不得已，则几⑤矣。

——《人间世》

注释：①樊：樊笼，指名利场。②入：谏言被采纳。③毒（dǎo）：通"垮"，累积土石用作保卫门栏的土台，比喻索求门径的载体。④宅：心灵寄托的地方。⑤几：近，意思是做到了这一步就差不多符合"心斋"的要求了。

译文：如果能够进入名利的樊篱中遨游而又不为名利所动，那么卫君能接受你的观点就说，不能接受你的观点就停止。不去找寻仕途的门径就不会受害，使心思得以专一而寄托在无可奈何的境域，就会与"心斋"的要求相差无几了。

🌹 浅析

庄子在这里阐述了达到"心斋"的要求所需要的状态，即无心而为、顺势而行，则该做的事情自然就能做好了。做任何事情都不能强迫别人，更不能强迫自己。强迫别人做他不想做的事，别人就会心生怨恨，甚至会报复自己；强迫自己做自己不喜欢做的事，事情不仅会办不好，反而会自讨苦吃。所以任何时候都要做到"安之若命"。

有一个小女孩每天都从家里走路去上学。一天早上天气不太好，云层渐渐变厚，到了下午时风吹得更急，不久开始有闪电、打雷、下大雨。小女孩的妈妈很担心，她担心小女孩会被打雷吓着，甚至被雷打到。雷雨下得越来越大，闪电像一把锐利的剑刺破天空，小女孩的

妈妈赶紧开着她的车，沿着上学的路线去找小女孩，看到自己的小女儿一个人走在街上，却发现每次闪电时，她都停下脚步，抬头往上看并露出微笑。看了许久，妈妈终于忍不住叫住她的孩子，问她说："你在做什么啊？"她说："上帝刚才在帮我照相，所以我要笑啊！"

启示

在顺其自然不能解决的情况下，可以多想一想"不得已"的结果。"不得已"并不是勉强或无奈，而是一种判断是否应该有所为的大智慧。这种大智慧能使我们在危险的时候保护自己。

剋核大至，则必有不肖之心应之，而不知其然也

剋核①大至，则必有不肖②之心应之，而不知其然也。苟为不知其然也，孰知其所终！

——《人间世》

注释：①剋：通"克"。"剋核"指过分地指责。②不肖：不善，不正。

译文：苛责如果太过分，必会让人产生不好的想法来对付，而自

己也不明白这是因为什么。如果做了些什么而自己却又不知道那是为什么，那么谁又能知道结果会是怎样的！

🌹 浅析

我们在处理人际关系的时候，常常会提醒自己要宽容待人，严于律己。但在权力面前迷失自己之后对待别人就会过于苛责，而这个苛责的缘由可能会是子虚乌有的。这种责难是对被责难者不公平的对待，从而会产生一些不好的后果，因此当权力不对等的时候往往会走到相反的方面去。

🌹 故事链接

有一个老板认为自己公司的效益没有发挥到最大，他认为这并不是自己的过错，而是手下的经理没有认真工作，于是他便把这个经理狠狠地训了一顿。这个经理实在是冤枉，当这股无名火无法发泄时，他看到妻子的家务还没有做完，于是他便开始训责妻子。妻子也感到非常委屈，看到儿子的作业还没做完，就开始向儿子发火。儿子实在无法忍受，于是大骂他的小狗，

小狗无法反抗主人，于是找野猫发泄，结果野猫就开始拼命地抓耗子。试问老板的责问与耗子又有什么关系呢？

🌹 启示

生活中的忙乱经常会使人远离宁静的心态，这样往往会使一些轻微的风吹雨打发展成为惊涛骇浪，而风暴会以旋涡为中心并向其周围扩散。所以故事中老板的无名火直接影响到了耗子的生存问题。

方存乎见少，又奚以自多

自以比形于天地而受气于阴阳，吾在于天地之间，犹小石小木之在大山也。方存乎见少，又奚①以自多！

——《秋水》

注释：①奚：疑问代词，哪。

译文：自己觉得从天地中得到了形体并且从阴和阳中秉承了生气，我在天地间，仿佛很小的石子或很小块的木屑在大山里。我正在想自身的存在真的是很渺小，又怎么会自己觉得很满足呢？

🌹 浅析

这句话的寓意很明白，就是要谦虚。谦虚使人进步，骄傲使人落后。所以不懂得谦虚的人，就无法进步。俄国作家克雷洛夫的寓言《鹰和鸡的故事》中说，鹰因为低飞而受到鸡的耻笑，鸡认为鹰跟自己飞得一样低。鹰却回答说："鹰有时比鸡飞得还低，但鸡却永远不能飞得像鹰那样高。"

🌹 故事链接

王安石非常看重苏轼的才华，但却厌恶他的轻薄，所以派他做湖州刺史。苏轼三年任满回京后，便去拜访王安石，见一张纸上写了两句诗："西风昨夜过园林，吹落黄花满地金。"诗还没有写完。苏轼一向恃才傲物，于是也写了两句：秋花不比春花落，说与诗人仔细

吟。王安石看到后，知道苏轼虽经挫折但仍轻薄如故。所以苏轼又被

降职了，他在伤心之下来到菊花棚下，看到了满地的花瓣，才终于明白了王安石的苦心。后来苏轼赶紧回京向前辈王安石道歉，王安石终爱其才，于是又恢复了他的翰林学士之位。自从这件事后，苏轼就再也不敢目中无人了。

🌹启示

对井中之蛙，不可以跟它谈大海，这是由于青蛙受空间的限制，根本就没有见过大海；不可以跟夏天的昆虫谈冰雪，是因为受时间的局限，夏虫根本活不到冬天；孤陋寡闻的人，不可以跟他谈大道，因为受教养的局限，他根本不了解大道。

尸祝不越樽俎而代之矣

庖人①虽不治庖，尸祝②不越樽③俎④而代之矣。

——《逍遥游》

注释： ①庖人：厨师。②尸祝：祭祀时主持祭祀的人。③樽：酒器。④俎（zǔ）：盛肉的器皿。

译文： 就算厨师不下厨房，祭祀的主持人也不会越过厨师去烹调的！

🌹浅析

这是尧打算把天下让给许由时，许由所说的话。在许由看来，尧已经把天下治理得很好了，如果再让他来治理，就好比日月出来了，而火把还不熄灭，要和日月争辉，这不是太难了吗？时雨甘霖降下来了，还提水浇灌，对于滋润禾苗来说岂不是徒劳吗？他自己也觉得其才不足以治天下，由他来治理天下，只是求名而已，而名是实的附属物，那他是要做附属物吗？这里表现了庄子无为而治的政治主张，"君道无为，臣道有为"，不能越俎代庖。

有一个经理，把一个有错误的合同要秘书寄出去。秘书发现了这个错误，并私自把合同扣留了下来。几天后，经理知道了此事，表面上他对秘书非常感谢，内心里却给她记了一个过错。秘书把这件事告诉了董事长，结果却被董事长开除了。因为她犯了一个很明显的错误，那就是越俎代庖。试问如果公司每个人都像她那样，不执行上级的命令，而是按照自己的方式处事，那么公司还能正常运行吗？

启示

每个人都有自己的位置，要各安其位、各司其职，即使别人渎职，也不能越俎代庖。这其中有三个原因，一是会耽误自己的本职工作；二是代理不好，逞能败事；三是代理好了，会惹人嫉妒。

彼窃钩者诛，窃国者为诸侯

彼窃钩①者诛②，窃国者为诸侯，诸侯之门而仁义存焉，则是非窃仁义圣知邪？

——《胠箧》

注释：①钩：腰带钩，指没有太大价值的物件。②诛：杀害。

译文：那些偷窃腰带环钩之类不值钱东西的人被捉住后会遭到刑戮和杀害，而窃夺了国家的人却成为了诸侯，所谓的仁义都在诸侯之门中。这岂不是盗窃了仁义圣智吗？

浅析

庄子还说过："小盗者拘，大盗者为诸侯，诸侯之门义士存焉。"小偷被拘留、被杀害，大的盗贼却成为了诸侯，所谓的仁义就是大的盗贼成为诸侯的工具，所以仁义只存在于诸侯的门中。高明的盗贼偷的不是平常的东西，而是精神和思想意识。偷了这些东西，并且不为人所知，大盗就不像盗贼了，反而被人们所推崇。所以我们一定要看清大盗的真面目。

🌹故事链接

辛亥革命结束了中国两千多年的封建历史，但辛亥革命的胜利果实却被袁世凯窃取了。在袁世凯看来，辛亥革命就是锁，而他则是窃国的诸侯，但在他的诸侯之门里的仁义却没有更新，仍然是持续了两千多年的糟粕，所以他在复辟做了八十三天皇帝后，最后以失败告终。

🌹启示

在现实生活中，也有很多这种现象：为他人做嫁衣裳，例如本来是自己发明的东西，其专利权却被别人获得，为什么呢？因为社会上存在无数隐形的大盗。随着物质文明的发展和各种制度的完善，盗窃技术也越来越高明，所谓"道高一尺，魔高一丈"，盗窃的对象从有形的物体，发展到了无形的精神文化。所以面对那些精神的盗窃者时，我们一定要时刻警惕。

天下有道，则与物皆昌；天下无道，则修德就闲

夫圣人，鹑居而鷇食①，鸟行而无彰②；天下有道，则与物皆昌；天下无道，则修德就闲。

——《天地》

注释：①鹑（chún）居：像鹌鹑一样没有固定的居所。鷇（gòu）

食：像初生的小鸟那样无心觅食，此处喻指圣人随遇而安。②无彰：不留下踪迹。

译文：所谓圣人，就是像鹌鹑那样随遇而安、居无定所，像待哺的小鸟那样无心觅食，他的行动就像鸟儿飞行一样不会留下任何痕迹。如果天下有道，就同万物一起兴隆；如果天下无道，就隐居遁世，修养德性。

🌹 浅析

守护华地的官吏请求尧接受他的祝愿，他祝愿尧长寿、多财、多子，而尧却说他用不着。官吏就认为尧只能是君子，而不是圣人。他认为长寿、多财、多子都不会给圣人带来麻烦，因为圣人能随遇而安。天下太平，就跟万物一同昌盛；天下纷乱，就修身养性。所以长寿、多财、多子所导致的多辱、多事、多惧都不会降临在圣人身上。

🌹 故事链接

鬼谷子师承一位无名仙师，在学成之后老师要他出世救民。鬼谷子怀着满腔热血游说诸侯，却四处碰壁，他的满腹经纶得不到施展。于是鬼谷子重新回到"鬼谷"，过着一种隐居的生活。

🌹 启示

都说庄子是一个大隐士，其实庄子是以隐士的身份游世。在浮华的年代，修身养性，能够让心灵沉寂，趋于归隐状态，这才是一种明哲的处世哲学。

以众小不胜为大胜

以众小不胜①为大胜也。为大胜者，唯圣人能之。

——《秋水》

注释：①不胜：不能取得胜利。

译文：虽然很多小处不能取胜，但却能取得大的胜利。取得大的胜利只有圣人才能做到。

浅析

这句话让我们明白：小胜小败无关大局，只要没有伤到根本和元气，大胜就一定会来临。小胜是无关紧要的，而大胜才是具有决定性意义的。俗话说："伤其十指不如断其一指。"十指虽然受伤，但是只要经过修养之后，它们还是会像以前一样；而削去一个手指头，则是永远都不能恢复了。所以做事情一定要找到将量变转为质变的关键点，而不要被眼前的失败所吓倒，笑到最后才是笑得最好的。

故事链接

有一个聪明的男孩，有一天妈妈带着他到杂货店去买东西，老板看到这个可爱的小孩，就打开一罐糖果，要小男孩自己拿一把糖果。但是这个男孩却没有任何的动作。几次的邀请之后，老板亲自抓了一大把糖果放进他的口袋中。回到家中，母亲很好奇地问小男孩，为什么没有自己去抓糖果而要老板抓呢？小男孩回答说：因为我的手比较小呀！而老板的手比较大，所以他拿的一定比我拿的多很多！

启示

风跟水一样，都是外柔而内刚，以柔而胜刚。只有具备了这样的品质才能成为"为大胜者"。所以我们在日常生活中，要像风、水一样懂得包容一切，懂得将缺点化为优点，这样才能够以柔克刚。在困难面前，不能为眼前的形势所迷惑，要懂得小不忍则乱大谋，要做到不急功近利，在战术上可以有小的失误，但在战略上一定要有成功的态势。

礼义法度者，应时而变者也

礼义法度者，应时而变者也。今取猿狙而衣以周公之服，彼必龁啮①挽裂，尽去而后慊②。观古今之异，犹猿狙之异乎周公也。

——《天运》

注释： ①龁啮（hé niè）：咬碎。②慊（qiè）：满足，满意。

译文： 礼义法度应该顺应时代而不断变化。如今如果捉到猿猴并为它穿上周公时代的衣服，那么它必定会将其咬破或撕毁，直到完全脱掉身上的衣服才会满足。观察古今的不同之处，就像猿猴和周公的差别一样。

浅析

庄子用吊杆汲水的例子说明了只有适应环境的变化，才能够很好地生存下来。拉起吊杆的一端而另一端便会俯身临近水面，放下它的一端则另一端就会高高仰起。那吊杆，是因为人的牵引，而并非它牵引了人，所以或俯或仰均不得罪人。吊杆适应了人的变化，无论是高还是低，都能得到人的认可，所以做任何事情都要因势利导。

故事链接

一只蝙蝠坠落到地面上来，被一只鼠狼捉住了。蝙蝠哀求讨饶，鼠狼却不答应，并说它自己最爱和鸟类为敌。蝙蝠便证明它自己不是鸟，而只是一只老鼠，因此鼠狼就放了它。不久这只蝙蝠又坠落

到地上来，被另一只鼠狼给捉住了，它同样地哀求讨饶。那鼠狼说它自己最恨老鼠，蝙蝠便证明自己并不是老鼠，而是一只蝙蝠。因此，

它又一次安然地逃离了危险。

🌸 **启示**

虽然能够适应环境已经是很不错的了，但如果能更好地利用环境，那么生活将更加美好，就像那只聪明的小蝙蝠一样，不仅能够做到适应环境的变化，而且还能做到随机应变。现代社会正以日新月异的速度变化着，所以要时刻准备着与时俱进，因势利导，做到善于发现变化，利用变化，这样才不至于在变化中措手不及、错失良机。

日出而作，日入而息

余立于宇宙之中，冬日衣①皮毛，夏日衣葛绤②；春耕种，形足以劳动；秋收敛，身足以休食；日出而作，日入而息，逍遥于天地之间而心意自得。

——《让王》

注释：①衣（yì）：穿衣。②绤（chī）：较精细的葛布。

译文：我站在宇宙之中，冬季穿皮毛，夏季穿细葛布；春季耕田种地，身体可以负担这样的劳作；秋天的收获完全可以满足自身的给养；太阳升起时就开始劳动，太阳下山了就休息，在天地之间逍遥地生活且心情悠然自得。

🌸 **浅析**

这句话出自舜让天下的故事。舜首先把天下让给子州支伯，子州支伯说他患有疾病，要治病，没有多余的时间治理天下。舜接着又让给善卷，善卷说他要过日出而作、日入而息的生活。舜再把天下让给石户地方的一位农夫，这位农夫认为舜的德行还未能达到最高的境界，于是逃到了海上的荒岛。天下贵重，却比不上生命、简单的生活和德行。

一个富翁在海边游玩，看见一个渔夫正悠闲地坐在椅子上品茶，于是就对渔夫说："今天天色还早，你为什么不多打一点鱼回来？"渔夫说："今天打的鱼已经足够我生活了。"富翁说："如果你每天都多打一点鱼，久而久之，你就会有足够的钱来开一个鱼罐头厂，到那

时你就可以雇别人来替你打鱼，这样你就可以赚更多的钱。"渔夫问："赚更多的钱以后干什么？"富翁说："赚更多的钱以后，你就可以像我一样来海边散步了。"渔夫说："我现在不就和你一样吗？"

🌹 启示

日出而作、日入而息原本是农耕时代最普通的生活，却成为很多现代人心目中渴望的梦想生活。因为在他们的现实生活中有太多无可奈何的东西，很多被大家认可的东西都成为了生活的负担。例如要住大房子，要开名车，孩子要上名校，为了这些不得不辛苦奔波，心中渴望着过简单的生活，但又不得不接受现实。

安危相易，祸福相生

安危相易，祸福相生，缓急相摩①，聚散以成。

——《则阳》

注释： ①相摩：相互摩擦。

译文： 安与危相互变更，祸与福相依而存，缓与急相互摩擦，聚

与散相对形成。

🌹 浅析

庄子认为：通天下一气耳。气是所有事物的基本元素。万物是通过气互相辉映、互相调治、互相更替、互相产生和互相衰减的。所以万事万物都是相生相克、互相转化的。庄子又说，大道却把天地、阴阳相贯通。所以在大道中，安全与危险、福与祸都是对立统一的。

🌹 故事链接

"非典"时期，人们更多地通过电话、手机短信、网络来传递相互之间的关怀与问候。这样的结果就是所有的通讯业务都有明显的上涨，这使萎靡的经济焕发了生机。如果人们不明白福祸相生的道理，"非典"的危险与灾害就不会带来这么多的商机。所以我们遇到灾害不能怨天尤人，而要在灾害中寻找生机。

🌹 启示

人的一生不可能都是风平浪静的，即使自己足够小心，足够幸运也不能完全避免天灾人祸。因为命是人世间的无所逃避。我们要以豁达的眼光来看待人世间的生与死、福与祸。"塞翁失马，焉知非福"，世间的事本就没有绝对的，所以在顺境中，不要太乐观，在逆境中也不要太悲观，而要达观。在顺境中，不要忘记隐藏的危险；在逆境中，要锻炼自己的逆商，使自己绝处逢生。

知道者必达于理，达于理者
必明于权，明于权者不以物害己

知道者必达于理，达于理者必明于权①，明于权者不以物害己。

——《秋水》

注释：①权：权变。

译文：通晓大道的人必定明于事理，明于事理的人必定善于权变，善于权变的人就不会因外物而使自己受到伤害。

🌹浅析

"知道者必达于理，达于理者必明于权，明于权者不以物害己"，要明"道"首先就要知道万物之"理"，当对这个"理"有所了解之后，就会明确万事万物都有其各自不可改变的"殊理"，这就是人或事物的"权"。明确了"权"就不会以他物害自己。道家重视养生，也是对人自身之"权"的重视。明确这一点，不可随意去改变事物的"权"，而应当顺其自然。"富贵"和"贫穷"都不能有害于"养生"的原则。

🌹故事链接

有个人非常喜欢狗和猫，把它们放在一起养，本以为它们会和睦相处，结果却出人意料。当狗看到猫"摆尾"时以为要交朋友，结果受到猫爪的攻击。狗白天要工作，想在晚上睡个好觉，却总是受到猫的打扰，因为猫习惯昼伏夜出。总之，要想让它们和睦相处并不是一件容易的事，但猫狗同养的做法却一直存在。

　　猫狗不能同养，但世俗的做法却也不得不接受，在伤害面前不能只知道要物我齐同，而不去逃避。懂得逃避，避免受到伤害，这就是得道。人们都知道处世的原则是"顺应秉性，随遇而安"，但是很多人却都只是做到了"随遇"，而没有做到"安"。这是因为明白了万物之"理"，即做事情的特殊规律。但是在"随遇"之后，做事情还要符合特殊规律，这样才能真的"安"下来。

达生之情者，不务生之所无以为

　　达生之情者，不务①生之所无以为；达命之情者，不务知②之所无奈何。

——《达生》

　　注释：①务：致力。②知（zhì）：通作"智"。

　　译文：通晓生命本真的人，不会去追求对生命没有好处的东西；通晓命运真谛的人，不会去追求智力所无可奈何的事情。

🌸 **浅析**

　　我们生活在现实的社会中，需要明白生命的实情，不追求生命的极限；明达生命实情的人，不会给自己设定一个上限。也就是说，不会去用有限的时间去做没有办法实现的事。万物皆有度，我们要时刻告诫自己不要过度。顺应自然的变化，保持生命之气的纯正和天性的健全，这样才能没有疏漏，无欲而刚。

🌸 **故事链接**

　　贞观初年，唐太宗对侍臣说："明珠是很贵重的东西，如果用它来打鸟雀岂不可惜了？更何况人的生命比明珠还要珍贵。但是有的人见到财物就忘记了刑法，就接受了别人的贿赂，而不珍惜自己的生命。

像明珠这种身外之物尚不能用来打鸟雀，我们又怎么能以宝贵的生命来博取财物呢？……隋炀帝奢侈无度，却自以为贤德，最后死在匹夫之手，也被天下人所笑。"

真听使唤

启示

人们将大部分的时间都花在了莫名其妙的事情上，从而造成了生命的重大浪费。我们应把有限的时间和精力都放在有意义的事情上，这样才能算是明白了生命的实情。要做到这一点，我们首先要清除自己思维中的垃圾。人的生命中精神起着很大的作用，如果不能及时清除思维中的垃圾，对精神进行保养，那么就没有办法对有意义的事尽全力。只有精神上清洁了，才能够"达生之情"。

得至美而游乎至乐，谓之至人

夫得是，至美至乐①也，得至美而游乎至乐，谓之至人。

——《田子方》

注释：①至美至乐：无美无乐、顺应大道的境界。

译文：达到这样的境界，就是"至美"、"至乐"了，体察到"至美"也就是遨游"至乐"，这就叫做"至人"。

浅析

什么样的境界才是"至美"和"至乐"呢？庄子说："淡然无极而众美从之。""朴素而天下莫能与之争美。"所以说"美"是淡然无极的朴素，是最真实自然的"无为"。人们所追求的"真"、"善"、"美"在"无为"中得到了统一，这种统一之后的境界就达到了"至美"的境界。因为求"真"就是"顺性命之情"。所以"求真"就是为了求性情之"美"，而无"真"也就无所谓"美"了，"真"才是精神自由之美。人格自由的实现不仅是"大美"，而且是"大德"和"大善"，这就是"至"的含义。所以"无为"的"真"与"善"统一在"至美"中，"至美"是一种"无为"的"无美"。所谓"至乐"，也就是真正的快乐，这种快乐源于对"至美"的欣赏。"同乎无欲，是谓朴素"，"至美"的朴素的特征是无声无形之乐，也就是"至乐"。而欣赏"至美"，享受"至乐"的途径，就是"无为"。做到无为就需要做到"心斋"和"坐忘"，达到"忘物"和"忘我"的境界。忘却自身的得失祸福，忘却世俗的仁义礼乐，与道合而为一，这就是"至乐无乐"。"至乐"是用"游"来享受的，游得无拘无束、无羁无绊，并达到了"至人"的境界。

🌹 故事链接

在古希腊神话中，有一个西齐弗的故事。

西齐弗因为在天庭犯了法，被大神惩罚，降到人世间来受苦。对他的惩罚是：要推一块石头上山。每天，西齐弗都费了很大的劲把那块石头推到山顶，然后回家休息，可是，在他休息时，石头又会自动地滚下来，于是西齐弗又要把那块石头往山上推。这样，西齐弗所面临的是：永无止境的失败。大神要惩罚西齐弗，也就是折磨他的心灵，使他在"永无止境的失败"命运中，受苦受难。

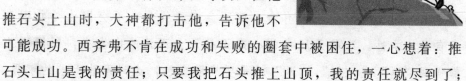

可是，西齐弗不肯认命。每次，在他推石头上山时，大神都打击他，告诉他不可能成功。西齐弗不肯在成功和失败的圈套中被困住，一心想着：推石头上山是我的责任；只要我把石头推上山顶，我的责任就尽到了；

至于石头是否会滚下来，那不是我的事。

再进一步，当西齐弗努力地推石头上山时，他心中显得非常平静，因为他安慰着自己：明天还有石头可推，明天还不失业，明天还有希望。

大神因为无法再惩罚西齐弗，就放他回了天庭。

启示

人生难免会遭遇挫折和不幸，如果因此而怨天尤人甚至是自暴自弃的话，那就太不应该了。一个有理想、有抱负的人，即使自己的理想和抱负不能实现，也应该用豁达的心胸来面对自己的遭遇，只有这样才有机会东山再起。

反己而不穷，循古而不摩，大人之诚

知大备者，无求，无失，无弃，不以物易己也。反①己而不穷，循古而不摩②，大人之诚。

——《徐无鬼》

注释：①反：通"返"，回归。②摩：通"磨"，磨灭。

译文：伟大而又完备的人，全无追求，全无丧失，全无舍弃，不会因外物而使自己有所改变。返归自己的本性就会没有穷尽，遵循亘古不变的规律就不会被磨灭，这就是伟大人物的挚诚。

浅析

为什么伟大而又完备的人反而会无欲无求呢？在道家看来，天地是最伟大和最完备的，而天地毫无所求。所以伟大而又完备的人也毫无所求，而没有求就不会有舍，就不会在意得失，不会因为外物而改变自己的本性。这种无所求的心态正是无为而治的出发点，所以道家都强调"返"或"损"，"返"就是要战胜自己，达到无欲无求的境界。

老子说"知人者智，自知者明。胜人者有力，自胜者强。"要想成为真正的智者，必须返求于道：只有战胜自我，返璞归真，才能与天地同在。

庄子的"返"需要逐层的否定，摆脱枷锁的束缚之后，才能达到认识的极点，才能返璞归真，恢复"人性"。只有保持了纯真的"人性"，社会的规则才不会被矫饰，才永远不会被磨灭。为了不被磨灭就要与"道"日损，以求达到返璞归真的境界。所以要"以反求约"，只有简约才最能体现返璞归真，并最终达到"无求，无失，无弃"的境界，以永恒的形式存在。

🌹 故事链接

有一天半夜，我从梦中醒来，迷迷糊糊地出了门，在楼道的拐角，我碰到一个人：阴郁的面孔、蓬乱的长发，带着一丝惊疑不定的神色。于是我站住了。就在同时，那人也停住了脚步。我向左走了一步，想让开那人，没想到那人也向左走去。于是我向右，那人也向右……我们就这样互相让着，结果谁也没有让开谁——这情景我在行路时常常遇到，但从来没有像今天晚上这样无止无休。我想坐下来，可同时我看到那人也露出了同样的企图。于是，我转身而去……

第二天，当我在一片阳光里醒来的时候，忽然想起了昨夜的事，我跳起来，并且冲向楼道，在楼道的拐角，静静地立着一面镜子。

我恍然大悟，原来昨夜拦住我去路的，是我自己。

🌹 启示

很多人都忙忙碌碌地在求知的道路上快速前进着，然而真正明白自己缺少的是什么、得到的又是什么的人却很少，他们不知道在前进的时候，也应该回过头来看看自己所走的路。只知道往前看，而不知道往后看，这样会很容易迷失方向。"天地有大美而不言"，很多事物的美好，只有在回过头来的时候才能领略得到。而这一回头就需要放弃很多累赘的东西，因为"不争而善胜"。所以做任何事都不要急于求成，而要善于回头，也许回头将会发现很多更美丽的风景。

澹然无极，而众美从之

若夫不刻意而高，无仁义而修，无功名而治，无江海而闲，不道引而寿，无不忘也，无不有也，澹①然无极，而众美从之。此天地之道，圣人之德也。

——《刻意》

注释：①澹（dàn）：恬静、安然。

译文：若不需磨砺心志就能有高尚的行为，不需倡导仁义就能有较高的修养，不追求功绩名声天下就能得到治理，不需到江湖隐居心境就能得到闲暇，不需引导气血而能自然长寿，将一切忘于身外，而又将一切据于自身。宁寂淡然到极致，世上众多美好的东西就会随之而来。这就是天地之道。也是圣人的崇高之德。

浅析

庄子在《刻意》篇中列举了六种不同类型、不同追求的人。第一种：山谷之士；第二种：平世之士；第三种：朝廷之士；第四种：江湖之士；第五种：道引之士；第六种：澹然无极之士。这六种人，有其完全不同的人生目标和行为模式："山谷之士，刻意尚行，离世异俗，高论怨诽，为亢而已矣；此山谷之士，非世之人，枯槁赴渊者之所好也"，是那些磨砺心志崇尚修养、超脱尘世不同流俗的人，他们愤世嫉俗，宁可以身殉志；"平世之士，语仁义忠信，恭俭推让，为修而已矣；此平世之士，教诲之人，游居学者之所好也"，是那些宣扬仁爱、道义、忠贞、信实和恭敬、节俭、辞让、谦逊的人，这样做是对人施以教化，意欲治理天下；"朝廷之士，语大功，立大名，礼君臣，正上下，为治而已矣；此朝廷之士，尊主强国之人，致功并兼者之所好也"，是那些身居朝廷、醉心于建立功业开拓疆土的人，并以此端正和维护上下级别的地位；"江湖之士，就薮泽，处闲旷，钓鱼闲处，无为而已矣；此江湖之士，避世之人，闲暇者之所好也"，是那些避世之人；道引之士，是那些养形的人，追求像彭祖那样寿延长久；澹然无极之士则是将以上五种修行完全看淡的人，只有超越了这五种追求，才能真正地体会到天地之道。

🌹故事链接

一位铁匠收一孤儿为徒，以打铁铸剑为生。枯燥平淡的劳作使徒儿不安分起来，他郁郁寡欢，常暗自叹息自己的苦命、卑微和永无出头之日。

师父看出了徒儿的心思，便想法启示他。一天，师父得一铁杵，将其断为三截，留下其中最好的那截，另两截便投入炉火中焙烧。烧至火红，钳出来，师徒二人轮番锤锻，终于打制成宝剑的雏形。虽已成形，却甚为粗劣。师父命徒儿留下一个，将另一个又投入火中烧红，再取出锻打。这一把剑坯经再三修形后，剑身笔直挺拔，剑面平顺光滑，但仍不是一把真正的宝剑。

夜里徒儿累了先睡了，师父把剑又细致地砸砺了大半夜。第二天徒儿醒来时，师父交到他手上的已是一把寒光闪闪、削铁如泥的利剑。

师父让徒儿带上宝剑、剑坯和最初截下的那段铁杵去集市卖。很快，剑坯卖出去了，得三两银子；过了一会儿，一个农夫买走了铁杵，得一两银子；而那把宝剑因为它的品质和师父的惜售，价钱扶摇直上。

徒儿顿有所悟。本是三块相同的顽铁，锤炼却改变了它们的命运和价值。

不同的人有不同的人生态度。有的人天生就渴望权力，喜欢那种君临天下的感觉：有的人喜欢财富，追求纸醉金迷的生活；有的人追逐名誉，渴望能够流芳百世；也有的人在社会上跌倒之后就选择了遁隐山林。这些不同的人生态度，不论是入世还是避世，都没有真正地让心灵自由，心中的羁绊使他们患得患失，不能真正地享受人生的快乐与美丽，快乐不需要去刻意地追求，美丽则需要不经意地发现。山谷之士、平世之士、朝廷之士、江湖之士、道引之士，都只是形体上的修炼，而忽视了精神上的修炼，唯有澹然无极之士，才是真正的修身养性，才能真正地领略大美。

至乐无乐，至誉无誉

吾以无为诚①乐矣，又俗之所大苦②也。故曰："至乐无乐，至誉无誉。"

——《至乐》

注释：①诚：真正的。②苦：以之为苦。

译文：我以为无为是真正的快乐，但世俗之人却又为此而感到十分痛苦和烦恼。因此说："快乐的极致就是没有快乐，荣誉的极致就是没有荣誉。"

在道家的眼中，"无"是一种最高的境界，所以无乐是乐的最高境界，无誉是誉的最高境界。因为根据"万物为一"的观点，万物是没有差别的，所以无死生，无苦乐，无毁誉，无贵贱，而事物之间之所以有了差别都是因为有人为的标准。如人为地将富贵、长寿、好名声作为值得推崇的；将吃好、穿好、身体安适和五官的满足认为是快乐的。但是到底应该推崇什么，什么才是快乐的原本是没有标准的，如果硬要强加一个标准给它，反而会得到不好的结果。因为推崇的对面就会是卑微，快乐的对面就会是痛苦。并且标准设定出来之后，人们就会维持那个标准，这也会带来不好的结果。因为富者"苦身疾作，多积财而不得尽用"。那些尊贵的人，夜以继日地为了保全自己的福禄和地位而忙碌，这样的结果真是他所要的吗？所以在标准设定之后就会出现"人之生也，与忧俱生"的结果。所以刻意追求标准下的快乐，反而不会拥有快乐。那么什么才是真正的快乐？不刻意追求快乐，快乐就会伴随着你，这就是"无"的境界。"无"就是不要设立任何标准，无乐、无誉就是至乐、至誉。总之，不以人为设定的快乐的标准为快乐，循性自然的人生，就是最大的快乐。无乐和至乐，无誉和至誉的本质是一样的，它们都归于万物齐一的"道"的境界。

🌹 故事链接

杰克住在英格兰的一个小镇上。他从未看见过海，他非常想看一看海。有一天他得到一个机会，当他来到海边，那儿正笼罩着雾，天气又冷。"啊，"他想，"我不喜欢海。庆幸我不是水手，当一个水手太危险了。"

在海岸上，他遇见一个水手，他们交谈起来。

"你怎么会爱海呢？"杰克问，"那儿弥漫着雾，又冷。"

"海不是经常都冷和有雾。有时，海是明亮而美丽的。但在任何天气，我都爱海。"水手说。

"当一个水手不是很危险吗？"杰克问。

"当一个人热爱他的工作时，他不会想到什么危险。我们家庭的每一个人都爱海。"水手说。

"你的父亲现在何处呢?"杰克问。

"他死在海里。"

"你的祖父呢?"

"死在大西洋里。"

"而你的哥哥——?"

"当他在印度一条河里游泳时,被一条鳄鱼吞食了。"

"既然如此,"杰克说,"如果我是你,我就永远也不到海里去。"

"你愿意告诉我你父亲死在哪儿吗?"

"你祖父呢?"

……

启示

获得快乐有两种途径:一是得到你所要的,二是享受你所有的。因为人们总是不能满足,所以他们往往只看到了第一种快乐,以致终生孜孜以求都难以快乐。但是,如果在取得你所要的路途中,停下脚步欣赏一下自己所拥有的,并且珍之重之,那么这时你就会发现快乐其实就在身边。享受你所有的,其实就是在无为中实现了快乐。用万物齐一的观点来看,无为是为的另一种形式。所以,当你停下脚步、珍惜现在的时候,就是以一种无为的方式在养护生命。总之,生命中的现在才是最快乐的。

能不龟手一也,或以封,
或不免于洴澼絖,则所用之异也

能不龟手①一也,或以封②,或不免于洴澼③絖④,则所用之异也。

——《逍遥游》

注释：①龟（jūn）手：手上皮肤开裂。②封：被封赏。③洴澼（píng pì）：漂洗。④纮：通"纩"，古代量词，八十缕为一纮。

译文：能使手不皲裂的药方只有一种，有的人以它来博取封赏，有的人用它却仍免不了在水中漂洗丝絮，这便是在方法上对其使用的不同了。

浅析

一个宋国人，家里有个不裂手的秘方。在冬天里将药涂在身上，能不生冻疮，手上皮肤也不会裂开来，所以这家人凭着这个秘方，世世代代以漂洗丝絮为业，都不会伤手。一个听说了"不龟手之药"的游客，想要以"百金"购买这个秘方。于是这家人便召开了一个家庭会议，他们认为保存了祖传的秘方也没有什么了不起，最多是给人家漂布，靠做苦工吃饭，而且每个月做下来也不过数金，只够生活而已，于是就把秘方卖了。当时吴越正处于战事之中，且两地都位于海边，打仗的话要练海军作战。买了秘方的游客，做了吴国的海军司令，替吴国练兵。到了冬天，和越国作战时，吴国的海军涂了他的药后，不怕冷，不生冻疮、最后大败越国，他也因此而立了大功，裂土封王了。同样一个秘方，有智慧的人能够利用它使人不生冻疮、不裂皮肤这一点而封侯拜将，名留万古。而另外一家人却只能用这同一个方子，世世代代地替人家漂布。同样一个东西，就看人的聪明智慧，怎样去运用，而会得到天壤之别的结果。因此一个人穷困潦倒了不要怨天尤人，而要靠自己的智慧去想办法翻身。所以任何思想、任何制度，都不一定可靠，主要是在于人的聪明智慧，在于人能否善于运用，"运用之妙，存乎一心"。

故事链接

一天，威尔逊先生在大街上碰到一个乞讨的盲人，很可怜他，就给他一张大钞。正准备走，盲人拉住他，说："您不知道，我并不是一生下来就瞎的。都是23年前希尔顿的那次事故！"威尔逊先生一惊，问道："你是在那次化工厂爆炸中失明的吗？"

盲人激动地说："是啊！当时，逃命的人群都挤在一起。我好不容易冲到门口，可是一个大个子在我的身后大喊：'让我先出去！我还年轻，我不想死！'他把我推倒了，踩着我的身体跑了出去，我失去了知觉……等我醒来，就成了瞎子。"威尔逊先生冷冷地说："事实恐怕不是这样吧？你说反了。"盲人猛地一惊。威尔逊先生一字一顿地说："我当时也在希尔顿化工厂当工人，是你从我身上踏过去的。你说的那句话，我永远也忘不了！"

盲人突然抓住威尔逊先生，爆发出一阵大笑："这就是命运啊！不公平的命运！你在里面，却出人头地了；我跑了出去，却成了瞎子。"威尔逊先生用力推开盲人的手，举起了手中精致的棕榈手杖，平静地说："你知道吗？我也是一个瞎子。你相信命运，可是我不信。"

🌹启示

同样的资源用于不同的地方，其效用的差别是非常大的。因此在上面的故事中，交易双方所获得的效用都增加了。进一步说，期望效用是人们交易的源泉。人们在交易中判断"值"与"不值"往往不是根据客观的最大效用，而是根据主观的期望，因为在大多数情况下，人们并不知道商品的最大效用。故事中的宋国人并不知道不龟手药最大的效用，因此对他而言百金就是他期望的最大效用。而游客的角色如同今天的投机者，虽然他获得的利益远远大于支付给宋国人的百金，但他的获益来自于发现了不龟手药的最大价值。所以效用的大小其实是境界的大小，只有处于大境界中，才能发现大效用。

是以人恶有其美也，命之曰菑人

且德厚信矼①，未达人气②，名闻不争，未达人心。而强以仁义绳墨③之言术暴人之前者，是以人恶有其美也，命之④曰菑人。菑人者，人必反菑之，若殆为人菑夫？

——《人间世》

注释：①矼（qiāng）：淳厚。②人气：民心。③绳墨：木工用于画直线的工具，喻指规则、规范。④命之：给其命名。

译文：一个人德性淳厚、信誉笃实、笃守信行，可未必就能与别人声气相通；一个人虽然不与别人去争名声，却也不一定会得到普遍的理解。如果勉强地把仁义和规范等言辞在暴君面前陈述，这就好比以别人的丑行来彰显自身的美德，这种做法可以说是害人。对于害人的人，别人也一定会反过来害他，那你恐怕就会为他人所害了！

浅析

一个人的德行淳厚，信誉笃实，但是如果不懂得交际，做不到在外表上与别人相同，即外化，那将是十分危险的。因为在邪恶的人面前显示出自己的美德，无疑是伸长脖子，等着挨打。"名闻不争，未达人心"，不在名利之争中锻炼，就不会懂得人心。而"强以仁义绳墨之言术暴人之前者，是以人恶有其美也"，憨实的人不懂得如何在外人面前隐藏自己的美德，又不了解别人的内心想法，如果以自己美德的标准来衡量恶人，那就是在他的面前夸耀自己的美德。使他的恶显得更加的明显。所以通过自己的对来批评别人的错的时候，就是利用别人的错来彰显自己的对。这种行为会使别人厌恶，也会使别人更加不能接受自己的对了。庄子把这种行为"命之曰菑人"。"菑人者，人必反菑之"，所以孔夫子认为颜渊去游说卫国的国君，就是在彰显他的不仁不义，颜渊一定会被"反菑之"。颜渊的这种行为就像是以火救火，以水救水，不仅于事无补，反而会助长其气焰。所以说一个德行淳厚、信誉笃实并以自己的仁义美德教化他人的人，将处于一个两难的境界。即要想教化他人就必须了解他，而要了解他就要像世人一样去争名夺利，这对德行笃实的人来说是强人所难；另一个难处就是如何避免成为菑人。处于这样的境地该怎么办呢？庄子提出了斋心，斋心之后就能应付这样的情况了。

🌹 故事链接

据史记载，杨修是曹操门下掌库的主簿。此人生得单眉细眼，貌白神清，博学能言，智识过人。但他自恃其才，竟小觑天下之士。

一次，曹操令人建一座花园。快竣工了，监造花园的官员请曹操来验收察看。曹操参观花园之后，是好是坏是褒是贬一句话也没有说，只是拿起笔来，在花园大门上写了一个"活"字，便扬长而去。一见这情形，大家犹如丈二和尚，摸不着头脑，怎么也猜不透曹操的意思。杨修却笑着说道："门内添'活'字，是个'阔'字，丞相是嫌园门太阔了。"官员见杨修说得有道理，立即返工重建园门，改造停当后，又请曹操来观看。曹操一见重建后的园门，不禁大喜，问道："谁知道了我的意思？"左右答道："是杨修主簿"。曹操表面上称赞杨修聪明，其实内心已开始忌讳杨修了。

又有一回，塞北送来一盒酥孝敬曹操，曹操没有吃，只是在礼盒上亲笔写了三个字："一合酥"，放在案头上，自己径直出去了。屋里其他人有的没有理会这件事，有的不明白曹丞相的意思，不敢妄动。这时正好杨修进来看见了，便堂而皇之地走向案头，打开礼盒。把酥饼一人一口地分吃了。曹操进来见大家正在吃他案头的酥饼，脸色微变，问："为何吃掉了酥饼?"杨修上前答道："我们是按丞相的吩咐吃的。""此话怎讲?"曹操反问道。杨修从容地应道："丞相在酥盒上写着'一人一口酥'，分明是赏给大家吃的，难道我们敢违背丞相的命令吗?"曹操见又是这个杨修识破了他的心意，表面上乐哈哈地说："讲得好，吃得对，吃得对!"其实内心已对杨修产生厌恶之情了。可杨修还以为曹操真的欣赏他，所以不但没有丝毫收敛，反而把心智用在捉摸曹操的言行上，并不分场合地卖弄自己的小聪明，从而也不断地给自己埋下祸根。

启示

为什么夏桀会杀关龙逢？为什么殷纣王会杀他的叔父比干？其中的关键，就在于这些贤臣们都是德高望重的。而那些残暴的君主就是因为他们的德高望重显得自己更加的残暴，因此才排斥他们，最后还杀害他们！所以在日常的生活中我们应该吸取这样的教训，面对人际关系中的种种忌讳，要巧妙避免，让人忽略自己的行为。在不露声色、不暴露自己意图的情况下，把事情处理好。虽然这需要相当高明的技巧，但结果却会是最理想的。

绝迹易，无行地难

绝迹①易，无行地难。为人使②易以伪③，为天使难以伪。

——《人间世》

注释：①绝迹：不走路。②使：驱使。③伪：伪饰，敷衍。

译文：一个人不走路容易，走了路不在地上留下痕迹就很难。为人驱使办事，容易敷衍应付；受天道驱使，就难以弄虚作假。

浅析

颜回要去卫国治乱，孔子认为他现在的修为还不足以应付，并教导他通过"心斋"来提高修为。"绝迹易，无行地难"就是庄子的修行方法。我们走路，路面上一定会留下脚印，要做到走路而不留痕迹是很困难的，但还是能够做到的，因为可以飞。但是事情做到不留痕迹还不是最高明的，因为还是会有人知道你已经做了这件事。所以想要让所有人都不知道你已经把事情做好了，这就非常困难了。处世的最高境界就是：别人没有意识到你正在做某一件事情，并且把事情做得很好。但处于人世间是无所逃的，无论做什么都是"绝迹易，无行地难"。要想达到在人世间处世的最高境界，就必须在人世间修道，颇有点"不入虎穴，焉得虎子"的意思。所以要修炼，就要克服入虎穴的恐惧，还要避免被老虎吃掉的危险。这就要求在修炼的时候要隐蔽好自己的形体，要懂得外化。因为在修炼还没有达到要求的时候，心灵的自由仍然束缚在形体之上，外化是为了保住形体这个心灵自由飞翔的前提。然而隐蔽形体还不是最重要的，最重要的是要懂得隐蔽自己的心灵，即内不化，使心灵不受外物的干扰，否则在追求心灵自由的过程中，心灵反而会被另一事物所束缚。当修行完美结束之后，就再也无"行地难"之说了，这也就是说达到了绝对的无拘无束了。

从前有个国王名叫狄奥尼西奥斯，他统治着西西里最富庶的城市，住在一座美丽的宫殿里，里面有无数美丽绝伦、价值连城的宝贝，一大群侍从恭候两旁，随时等候吩咐。国王有个朋友名叫达摩克利斯，他常对国王说："你多幸运啊，你拥有人们想要的一切，你一定是世界上最幸福的人。"有一天，国王听腻了这样的话，对达摩克利斯说："你真的认为我比别人幸福吗？那么我愿意跟你换换位置。"于是达摩克利斯穿上了王袍，戴上金制的王冠，坐在宴会厅的桌边，桌上摆满了美味佳肴。鲜花、美酒、稀有的香水，动人的乐曲，应有尽有，他觉得自己是世界上最幸福的人。当他举起酒杯，突然发现天花板上倒悬着一把锋利的宝剑，尖端差点触到了自己的头，达摩克利斯身体僵住了，笑容也消失了，脸色煞白，双手颤抖，不想吃也不想喝了，只想逃出王宫，越远越好。国王说："怎么了朋友？你怕那把随时可能掉下来的剑吗？我天天看见，它一直悬在我的头上，说不定什么时候什么人或物就会斩断那根细线。或许哪个大臣垂涎我的权力想杀死我；或许有人散布谣言让百姓反对我；或许邻国的国王会派兵夺取我的王位；或许我的决策失误使我不得不退位。如果你想做统治者，你就必须冒各种风险，风险永远是与权力同在的。"达摩克利斯说："是的，我知道了，除了财富和荣誉之外，你还有很多忧虑。请您回到您的宝座上去吧，我回我的家。"从此，达摩克利斯非常珍惜自己的生活。

如果认为这个世界不和谐、不公正，但又无法改变这种现象，那就得像一个隐士一样地生活，因为眼不见、心不烦，也不会有任何的危险。然而现代社会注定了不能像隐士一样地生活，而且还是要出来行走的。在行走的时候一定要懂得收敛和隐藏自己，要做到像飞鸟一样，行无迹。所以在处世的时候一定要内无心外无力，不要受制于外力和内心。在遇到困难的时候，要像庖丁解牛一样，以"无厚"入"有间"，游刃有余地化解困难。

无所可用，故能若是之寿

散木①也，以为舟则沉，以为棺椁②则速腐，以为器则速毁，以为门户则液樠③，以为柱则蠹④。是不材之木也，无所可用，故能若是之寿⑤。

——《人间世》

注释：①散木：指不成材的树木。②椁（guǒ）：指棺外的套棺。③液樠（mán）：像松木心那样流出树脂。④蠹（dù）：蛀蚀。⑤若是之寿：如此长寿。

译文：这是一棵没有任何用处的树，用它做成船就会沉没，用它做成棺椁很快就会朽烂，用它做成器皿很快就会坏掉，用它做成屋门就会流出污浆，用它做成屋柱就会有蛀虫。这是不能成为材料的树，因为它不具备什么用处，所以才能如此长寿。

浅析

散木因为它的材质不适合做任何一样有用的东西，所以没有被砍伐。这棵树也是因为它的"无用"而存活了下来。"商之丘"的大木能存活下来就更加不可思议了，它之所以免遭斧斤，其"无用"还是其次的，重要的是它能产生使人"狂醒"的毒气。这些都说明了无所为才能避免夭折，才能逍遥自在。如果追求有用有为，就会有所羁绊，甚至会死亡。"夫柤梨桔柚，果蓏之属，实熟则剥，剥则辱；大枝折，小枝泄。此以其能苦其生者也，故不终其天年而中道夭，自掊击于世俗者也。物莫不若是。"（《人间世》）事物因为有用而被使用，使用不当或得当都会给它带来悲惨的结局，得当的如"桂可食，故伐之；漆可用，故割之"（《人间世》），不当的如"直木先伐，甘井先竭"（《山木》）。物尚且如此，人就更加危险了，只有无用才能避免危险。"人之有痔病者"之所以免于"适河"，"支离疏者"之所以免受"大役"，都是因为其无用。所以庄子说："人皆知有用之用，而莫知无用之用也。"知道了无用的用处之后，就能在有用的危险面前豁然开朗。"无用"是保全自身的"大用"。

🌹 故事链接

曹操自封为魏王之后，亲自引兵与蜀军作战。战事失利，进退不能。曹操数次进攻蜀军，总不能奏效，长期拖下去，不仅耗费钱粮，且会挫伤士气，真的撤兵无功而归，又会遭人笑话。是进是退，当时曹操心中犹豫不决。此时厨子呈进鸡汤，曹操看见碗中有鸡肋，因而有感于怀，觉得眼下的战事，有如碗中之鸡肋："食之无肉，弃之可惜"。他正沉吟间，夏侯惇入帐禀请夜间号令。曹操随口说："鸡肋！鸡肋！"夏侯惇传令众官，都称"鸡肋"。杨修见传"鸡肋"二字便教随行军士，各自收拾行装，准备归程。有人报知夏侯惇。夏侯惇大惊失色，立即请杨修到帐中问他："为什么叫人收拾行装？"

杨修说："从今夜的号令，便知道魏王很快就要退兵回去了"。"你怎么知道？"夏侯惇又问。杨修笑道："鸡肋者，吃着没有肉，丢了又觉得它味道不错。魏王的意思是现在进不能胜，退又害怕人笑话，在此没有好处，不如早归，明天魏王一定会下令班师回转的。所以先收拾行装免得临行慌乱。"夏侯惇说："您可算魏王肚里的蛔虫，知道魏王的心思啊！"他不但没有责怪杨修，反而也命令军士收拾行装。于是寨中各位将领，无不准备归计。

当夜曹操心乱，不能入睡，就手按宝剑，绕着军寨独自行走。只见夏侯惇寨内军士，各自准备行装。曹操大惊：我没有下达撤军命令，谁竟敢如此大胆，作撤军的准备？他急忙回帐召夏侯惇入帐，夏侯惇说："主簿杨修已经知道大王想归回的意思。"曹操叫来杨修问他怎么知道，杨修就以鸡肋的含意对答。曹操一听大怒，说："你怎敢造谣乱我军心！"不由分说，叫来刀斧手将杨修推出去斩了，把首级悬在辕门外。曹操终于寻得机会，除掉了杨修，杨修也终于结束了他聪明的一生。

启示

竞争是现代社会生存的必要手段，但是太过于锋芒毕露，把竞争推向白热化阶段却不是竞争中的良方。因为木秀于林，风必摧之。所以有时候没有必要非得去争得"第一"，"第二"会是一个更不错的选择。因为在竞争面前人们总是会说，要战胜"第一"，而没有人会说要直接战胜"第二"的。"第一"很多时候为"第二"遮挡了风雨。当然，这并不是让人放弃追求，而只是要改变追求的策略，要懂得发挥"无用"成为"大用"的智慧。"第一"只是世人的评判标准，而我们要在内心告诉自己的是，没有最好的，只有更好的，不要去追求别人眼中最好的，而要追求自己心中更好的。

至言不出，俗言胜也

大声不入于里耳①，折杨皇荂②，则嗑然③而笑。是故高言④不止于众人之心，至言⑤不出，俗言胜也。

——《天地》

注释： ①大声：高雅的音乐。里耳：市井里巷下层人之耳。②折杨皇荂（fū）：指通俗乐曲。③嗑（kè）然：笑声。④高言：异于世俗之言。⑤至言：至道之言。

译文： 高雅的乐曲俗人不可能欣赏，折杨、皇荂这样的民间小曲，世俗人听后则都会欢喜而笑。所以高深的言论无法留在世俗之人的心中，而至道之言也不会从世俗人的口中说出来，于是世俗之言便取得了优势。

浅析

在《宋玉对楚王问》一文中，提及乐中有《阳春》、《白雪》，《下里》、《巴人》。虽然也有许多人推崇《阳春》、《白雪》，但真正懂得欣赏的人却很少，因为这样的音乐曲高和寡；而让人们耳熟能详的往往却是《下里》、《巴人》，因为它们通俗易懂。这就是庄子所说的"大声不入于里耳，折杨皇荂，则嗑然而笑"，优雅的音乐不能为低俗的人欣赏，而低俗的音乐则为高雅的人所不屑一顾。因为《阳春》、《白雪》的内容是一个高雅的主题，只有圣人雅士才有兴致在暮春三月到野外郊游，欣赏美丽的春光。有闲情赏雪的必为高士，而圣贤高士却是很少见的。《下里》、《巴人》表述的则是市井文化，被许多人所熟知，所以欣赏附和的人自然也会多。这样便有越来越多的人爱好《下里》、《巴人》，《下里》、《巴人》也越来越流行，《阳春》、《白雪》逐渐被人们遗忘。这和"至言不出，俗言胜也"的道理是一样的，因为懂得"至言"的人太少了，所以"俗言"便成为了流行趋势。宋玉是拿音乐自比，音乐中有《阳春》、《白雪》和《下里》、《巴人》。人中有圣贤，有匹夫。三个人在一起行走，有圣贤，有匹夫，如果有一个人迷惑，所要去到的地方还是可以到达的，因为还有不迷惑的圣贤；三个人都是匹夫，则所要到达的地方就不可能到达了。所以人世间还是要多出一些"至言"。

🌸 故事链接

米兰·昆德拉有一本书叫《生活在他方》，我对这五个字有很好的联想，我的生活总是在远方，都在想：如果明天我有钱，我就可以……但是如果你现在因为赚钱少而不快乐，就算将来你有再多的钱，我保证你也不会快乐。如果你一个人的时候不会自得其乐，身边的人跟你一起一样不快乐。如果现在不懂得享受生活，未来也不会享受生活。有人问什么叫作自由，所谓的自由就是：

你有权力过自己要过的生活，有权力去自己要去的地方，其实生活很简单。

人们都很喜欢在自己的人生设一个deadline，比如说：

我25岁一定要……

26岁一定……

30岁时一定要……

31岁的时候一定要有……

所以很多决定就很草率。如果刚开始你找的那个人就不对，往后再怎么努力都不对，有时候，我们常常会觉得长大了，所有问题就没了，如果还有问题，就会认为那时候自然有解决问题的办法，其实你的问题在这个阶段没解决，在下个阶段只会变大。你对未来不用期待太多，期待太多，老实说挫折感会很深，不如看看现在做什么事情，会让你觉得很自在，吸收到很多的东西，那个时候你才会觉得人生真的很充实。另外，一个人如果太努力在活给别人看，就会痛苦得不得了，今天如果你相信自己做得还不错，不在乎别人怎么看你，你真的可以很自在。

🌹 启示

俗言和至言都是来源于生活，但至言却高于生活，至言是俗言的提炼与升华，所以我们不能只是为了生活而生活。《下里》、《巴人》是生活的实质，而《阳春》、《白雪》则是生活实质的升华。所以我们要在生活之上构建自己的灵魂，有了灵魂的生活才是真正的高雅。是否是《阳春》、《白雪》，主要得看其能否提炼出高雅的灵魂。不论是《阳春》、《白雪》还是《下里》、《巴人》都应该是我们喜欢的，它们之间不是对立的。把《阳春》、《白雪》与《下里》、《巴人》统一起来，要看我们是否有一双灵魂的手将《下里》、《巴人》弹奏为《阳春》、《白雪》，从而在生活的俗言中发现至言之美。

以舟之可行于水也，而求推之于陆，则没世不行寻常

夫水行莫如用舟，而陆行莫如用车。以舟之可行于水也，而求推之于陆，则没世不行寻常①。

——《天运》

注释：①寻常：八尺为寻，丈六为常，形容距离短。

译文：在水上通行的工具没有什么比船还好，在陆地上通行的工具没有什么比车还好，因为船可以在水中通行，而如果奢求它能够在陆地上推进，那么它就一辈子也无法走出多远了。

🌹 浅析

任何事物都有其赖以生存和发挥作用的环境，离开了用武之地，事物不但无法施展才能，甚至还会难以生存。任何事物都要根据环境

的转变而转换其形态，以便在新的环境中发挥功用。因地适宜和因材施教说的就是这个道理。过河用船，而在陆地上就要乘车，所以政策应该随环境的改变而改变。历代的有志之士都善于从当时的环境出发，制定出适合当时实际情况的治国方略，从而促进社会的发展。在一般情况下，开国的帝王多实行无为而治，发挥人们的积极性，从而恢复生产、发展经济，因为在多年战乱之后，只有休养生息才能大发展。所以西汉初年崇尚黄老学，并取得了文景之治的成就，奠定了汉朝统治的物质基础。在取得了物质基础之后，就转而提倡儒家学说，推行礼乐文化，发展文化事业，用文化事业的发展来进一步促进经济的发展。所以汉武帝"罢黜百家，独尊儒术"。所以碰到了什么样的环境，就要用适合当时环境的方法来解决问题，如果一成不变，那么就会因不适应环境而灭亡。

🌹 故事链接

露西离开办公桌，去复印一份资料，不过3分钟时间，一只蚂蚁爬上了她刚买的黑森林蛋糕。那蛋糕是她的午茶点心，这下享用的兴致全无了。她拿起叉子把蚂蚁取出，然后质问它为什么破坏她的好心情。浑身沾满奶油的蚂蚁慢条斯理地回答："我饿了，被蛋糕的香味给吸引过来。"蚂蚁又说："我的食量小，吃不了多少，给我一小角蛋糕，就够了。"她听了更是火大，不顾形象，指责它："你的身份哪配跟我一起吃相同的东西？"

她告诉蚂蚁，它应该去找残余的食物，怎么可以堂而皇之与她分食。蚂蚁说："我有我的人格，不想卑微地讨生活。"蚂蚁一脸委屈地向她说道，它想出人头地，可是天生的不平等，它只能不起眼地过日子。可是它的确不想庸庸碌碌地了此一生，所以才选择到这陌生且危险的城市。

经它这么一说，露西心软了："你不怕无法适应？"她怀疑。

"只有做过了，才知道怎么回事。光是害怕，有什么用！"蚂蚁又接着说，它不觉得它的人生只有一条路可以走，它相信它的生命充满了无限可能。

她不发一语，心情顿时复杂起来。这些年，她最大的困境，是知道自己要什么，却始终未曾付诸行动，她不懂为何迟疑，或者应该说，她怕改变。

然而，胆小的人，注定要失去生命中的种种精彩与美丽。因此，她只能原地打转，也许不会更坏，但也绝对不会更好。

回过神，她有了新的决定，同时准备把整块蛋糕送给蚂蚁。蚂蚁谢绝了她的好意，它说，它已经尝过滋味，想再去试点别的。

而她，一个新的生命规划已经成型，蓄势待发。

🌹启示

任何政策的制定都要适合当时的环境。工业革命带来了环境的恶化，如果继续推行以往的工业经济，那么将会给环境带来无法想象的恶果，第二产业已经不再是经济的主导了，所以清洁生产和循环经济都应运而生，这也许就叫适者生存吧。只有适应环境的改变，才能更好地生存下去。科技的发展需要人们不断地学习，不断地适应，只有这样人们才能更好地生活。只能追着生活走，因为生活永远不会在原地等你。

吾长见笑于大方之家

今我睹子之难穷也，吾非至于子之门则殆①矣，吾长见笑于大方之家②。

——《秋水》

注释：①殆（dài）：危险。②大方之家：学问大、修养高的人。

译文：如今我见到了你的浩大无边，如果不是因为我来到了你的门前，那可就真是危险了，因为我一定会被见识广博的人永远地耻笑。

浅析

典故"贻笑大方"就是出于此处。秋天里山洪按照时令汹涌而至，所有的水流都汇入黄河，这使得河面波涛汹涌、宽广无比，连对岸的马牛都分辨不清。于是河神感到非常骄傲和自豪，他认为自己已经拥有天下所有美好的东西。河神沿着水流向东而行，在北海边，向东望去，却不知大海的尽头在哪里。于是河神便马上收起了先前骄傲的态度，面对着海神慨叹连连："俗语不是这样说的吗，'听到了上百条道理，便认为自己是天下最好的'，恐怕说的就是我这种人了。而且我还曾听到过说孔丘懂得的东西太少、伯夷的意见不值得看重的话语，见到你之前我是不敢相信的；如今我亲眼看到了你是如此的浩渺博大、无边无际，我要不是亲自来到你的门前，那可就真的要危险了，我肯定会永远受到修养极高的人的耻笑。"因为河神看到了海神的博大，又意识到了自己的渺小，所以就没有贻笑大方。但有些人在博大面前偏偏意识不到自己的渺小，而非要班门弄斧不可，这样就难免会见笑于大方之家了。所以，在大方之家面前，一定要有自知之明，而不要因为自己一丁点的了不起，就做了井底之蛙，这样不仅会贻笑大方，还会故步自封。

故事链接

墨顿在新泽西州纽瓦克市的一家百货公司买了一套西装，结果这套西装令他很不满意，上衣褪色，弄脏了他的衬衫领子。他把西装送回店里，找到了当初卖服装给他的那位店员，他试着把情形说出来，但被店员打断了。那位店员说："这种西装我们卖了好几件，你是第一个抱怨的人。"

这是他所说的话，但他的语调更糟糕，他那咄咄逼人的语调等于在说："你在骗人，哼！我可要给你一点颜色瞧瞧。"

在这场激烈的争吵中，第二位店员插嘴进来，他说："所有深色的西装，因为颜色的关系，开始的时候都会褪点颜色，这是没有办法的，这种价钱的西装都是如此。"

"这个时候我已经怒火中烧了，"墨顿先生在叙述这件事的时候说，"第一个店员对我的诚实感到怀疑，第二个暗示我买的是低级货。我火大了，我正想叫他们滚到地狱去的时候，突然间，服装部的经理走过来了。他很

有一手，他把我的态度整个改变过来。他使一个愤怒的人，变成了一名满意的顾客，下面就是他所做的：第一，他从头到尾地听我把事情叙述一遍，没有说一句话。"

"第二，当我说完的时候，那两个店员又提出他们的说法，他却以我的观点跟他们争辩起来，他不只指出我的领子显然是被那套西装弄脏了，还坚持说该店所卖出的东西，必须令顾客感到100％的满意。"

"第三，他承认自己不知道毛病出在什么地方，他对我很干脆地说：'你要我怎么处理这套西装呢？我完全照你的意思做。'"

"就在几分钟前，我还准备叫他们收回这套该死的西装，但这时我却回答：'我只要你的忠告，我要知道这种情形是否是暂时的，以及是

否有什么补救的办法。'"

"他提议我再穿一个星期看看，'如果那时候你还不满意，再带来，我们再换一套你满意的。很抱歉，给你带来这么多麻烦。'"

"我满意地走出那家商店。那套西装穿了一个星期后，没有什么问题发生，于是我对那家百货店的信心，又全部恢复过来了。"

难怪那位经理是服务部的主管，至于他的两名下属，他们将永远——我本来要说他们将永远只能当个店员而已；不，他们可能会被降到包装部去，他们在那儿，将永远没有机会接触到顾客。

🌹启示

在大方之家面前，我们应该如何自处呢？我们不能班门弄斧，也不能妄自菲薄。不班门弄斧，所以我们才能够感受到大方之家的浩渺博大，才能认识到自己的不足，这样就会有一种不断学习的压力与动力；不妄自菲薄，就是在大方之家面前，我们不能自乱阵脚，显得自己更加的渺小与不足。我们应该处之泰然，发挥自己正常的水平，这样就不会因自己的渺小而灰心丧气，而会有一种"天生我材必有用"的豪气，在以后的道路中也就会有不断向上的豪情。有自知之明，不班门弄斧，不妄自菲薄，那么我们离大方之家还远吗？

寓言十九，重言十七，卮言日出，和以天倪

寓言十九①，重言十七⑦，卮言③日出，和以天倪④。

——《寓言》

注释：①寓言：假托他人所说的话。十九：十分之九。②重言：借重先哲的言论。十七：十分之七。③卮（zhī）言：没有成见的言论，随心之言。④天倪（ní）：自然的区分。

译文：假托他人所说的话占了十分之九，引用先哲的言论占了十分之七，随心并无成见的言论每天都会有新的出现，且都符合自然的

区分。

🌹 **浅析**

在庄子的文章中，出现了许多寓言。寓就是寄，即用一个浅显的故事说明一个深刻的道理。"亲父不为其子媒"，自己不能夸耀自己，因为别人不会相信，所以要用寓言的形式来替自己说话。所谓"重言"，就是借重圣贤说的话，俗话说"人微言轻"，没有身份地位的人不足以取得他人的信任，只好假借往圣先贤替自己说话。卮是装酒的容器。"夫卮器，满则倾，空则仰，随物而言，非执一守故者也；施之于言，而随人以变，已无常主者也。"卮言是"非执一守故"，即没有逻辑，没有经过严密分析，自然而然就说出来的话。因此，所谓卮言就是说出了事物最中性的一面，不带有任何的主观之见。在庄子的书中，寓言占了十分之九，重言占了十分之七，寓言和重言有很多是重叠的，所以寓言和重言的形式并不重要。这句话中"寓"是形式，"重"是方法，"卮"是性质，"日出"是频率，而所有的"言"都要统一在"和以天倪"之中。"天倪"，就是"天均"，即自然之陶钧，是宇宙间一切事物的存在模式。事物的发展就像一个不断运转的大圆盘，"始卒若环，莫得其伦。"圆盘之所以"始卒若环"是因为有一个被视为"环中"的枢机之点。而"卮言"，就是立足于"道枢"，从而超越了一切对立关系的言辩，是合道之言。

🌹 **故事链接**

黄昏时候，洪水最终撕开了江堤。离江边不远处的一个个小院子都成了一片汪洋。清晨，受灾的人们站在堤上，凝望着水中的家园。

忽然，有人惊呼："看，那是什么？"

一个黑点正顺着波浪漂过来，一沉一浮，像一个人！有人"嗖"地跳下水去，很快就靠近了黑点，但见他只停了一下，便掉头回游，转瞬上了岸。

"一个蚁球。"那人说。"蚁球?"人们不解。

说话间蚁球漂了过来，越来越近，看清了：一个小足球般大的蚁球！黑乎乎的蚂蚁密密匝匝地紧紧抱在一起。风起云涌，不断有小团蚂蚁被浪头打开，像铁器上的油漆片儿剥离开去。人们看得惊心动魄。

蚁球靠岸了。蚁球一层层散开，像打开的登陆艇。蚁群迅速而秩序井然地一排排冲上堤岸，胜利登陆了。岸边水中仍留下了不小的一团蚁球，那是英勇的牺牲者，它们再也爬不上来了，但它们的尸体，仍然紧紧抱在一起。人和万事兴，团结就是力量，如果人心所向，众志成城，就会以最小的代价，获取最大的成功。

启示

个人的力量是有限的，所以就需要借助别人的力量来帮助自己获得成功。当自己人微言轻时，不妨引用他人的言论来为自己壮壮声势；当自己的力量过于弱小时，不妨借助别人的力量来排除困难。这也是顺其自然的一种表现，因为借他人之长是为了达到自己内心的意愿，而并非无目的的行为。当然，不借助别人的力量来达到自己的意愿，才是一种最理想的状态。

其作始也简，其将毕也必巨

凡事亦然：始乎谅①，常卒乎鄙②；其作始也简，其将毕也必巨。

——《人间世》

注释：①谅：信任，诚实。②鄙（bǐ）：道德低劣。

译文：凡事都是一个道理：以互相信任开始交朋友，以道德败坏而绝交。一件事情开始做的时候可能很简单，但等到快要结束的时候才发现事情很复杂也很巨大。

浅析

庄子用这句话揭示了事物发展的普遍真理，这个真理得从庄子的外交哲学说起。"凡交近则必相靡以信，远则必忠之以言，言必或传之。夫传两喜两怒之言，天下之难者也。夫两喜必多溢美之言，两怒必多溢恶之言。凡溢之类妄，妄则其信之也莫，莫则传言者殃。故法言曰：'传其常情，无传其溢言，则几乎全。'"邻近国家之间的交往要彼此互信忠实。"相靡以信"，指相处得非常融洽，彼此信任，在公事上能够做到比较坦白。如果两个国家相处得比较远呢？那就要做到"必忠之以言"，要把国君的意见传达到。但是"两喜必多溢美之言，两怒必多溢恶之言"，外交官就处于两难的境地了，说真话不是好方法，说假话就更不行了。距离使简单的事情变得难以处理，因为距离一远，中间就被加入了一些人为的巧智。庄子说，那些凭智巧争胜的人，开始还是光明正大地交手，到最后快要结束的时候各种阴谋和手段就出现了。依礼饮酒的人，最初都是规规矩矩的，到快要结束的时候则会酒后乱性。做事情也是这样的，刚开始的时候还能互相信任，到快要有结果的时候就会互相欺诈。所以，庄子认为，事情刚开始的时候是微小的，到最后结束的时候就变成大祸了。所以说做事情要懂得防微杜渐，要防患于未然。

故事链接

大学刚毕业那会儿，峰被分配到一个偏远的林区小镇当教师，工资低得可怜。其实峰有着不少优势，教学基本功不错，还擅长写作。于是，峰一边抱怨命运不公，一边羡慕那些拥有一份体面的工作、拿一份优厚的薪水的同窗。这样一来，他不仅对工作没了热情，而且连写作也没兴趣。峰整天琢磨着"跳槽"，幻想能有机会调换一个好的工作环境，也拿一份优厚的报酬。

就这样两年时间匆匆过去了，峰的本职工作干得一塌糊涂，写作上也没有什么收获。这期间，峰试着联系了几个自己喜欢的单位，但最终没有一个接纳他。

然而，后来发生的一件微不足道的小事，改变了峰一直想改变的命运。

那天学校开运动会，这在文化活动极其贫乏的小镇，无疑是件大事，因而前来观看的人特别多。小小的操场四周很快围出一道密不透风的环形人墙。

峰来晚了，站在人墙后面，翘起脚也看不到里面热闹的情景。这时，身旁一个很矮的小男孩吸引了峰的视线。只见他一趟趟地从不远处搬来砖头，在那厚厚的人墙后面，耐心地垒着一个台子，一层又一层，足有半米高。峰不知道他垒这个台子花了多长时间，但他登上那个自己垒起的台子时，冲峰粲然一笑，那是成功的喜悦。

刹那间，峰的心被震了一下——多么简单的事情啊：要想越过密密的人墙看到精彩的比赛，只要在脚下多垫些砖头。

从此以后，峰满怀激情地投入到工作中去，踏踏实实，一步一个脚印。很快，峰便成了远近闻名的教学能手，编辑的各类教材接连出版，各种令人羡慕的荣誉纷纷落到峰的头上。业余时间，峰不辍笔耕，各类文学作品频繁地见诸报刊，成了多家报刊的特约撰稿人。如今，峰已被调至自己颇喜欢的中专学校任职。

🌸 启示

庄子说，事情总是从简单开始，到后来就会变得复杂。我们也可以从反面来理解这句话：万丈高楼平地起，刚开始的简单也会成就以后的伟大，所以我们不能畏惧盖楼过程中的复杂与艰巨。事物在初始阶段都是很渺小的，发展到后来的顶点或成熟阶段，就是巨大的了。"鹏之徙于南冥也，水击三千里，抟扶摇而上者九万里。"所以在面对简单的开始的时候，我们要注意积累点滴的力量。只有积累了足够大的力量，才会有能力去应付复杂的将来。

臭腐复化为神奇，神奇复化为臭腐

故万物一①也。是其所美②者为神奇，其所恶者为臭腐；臭腐复化为神奇，神奇复化为臭腐。

——《知北游》

注释： ①万物一：这里指万物统一于气。②所美：认为美的。

译文： 因此万物是统一的。于是人们将自己认为美好的东西当作神奇，将自己讨厌的东西当作臭腐；而臭腐又可以再化为神奇，神奇也可以再化为臭腐。

浅析

"臭腐复化为神奇，神奇复化为臭腐"是指好的可以变为坏的，坏的也可以变成好的。用辩证唯物主义观点解释就是矛盾是相互转化、对立统一的，事物的发展是经过肯定——否定——否定之否定的。庄子的哲学观点具有朴实的唯物主义，他的解释是"通天下一气耳"。气论是庄子宇宙论的根本，也是齐物论的重要前提。"物之生也，若骤若驰，无动而不变，无时而不移。"在气化的世界中，一切都处在不同的量变之中。"万物皆种也，以不同形相禅。始卒若环，莫得其伦，是谓天均，天均者，天倪也。"整体是由部分组成的，各部分之间形态不同，且相互转化，没有开始和结束，这就是万物齐一的原理。所以，"生也死之徒，死也生之始，孰知其纪。人之生，气之聚也。聚则为生，散则为死。若死生为徒，吾又何患？故万物一也。是其所美者为神奇，其所恶者为臭腐；臭腐复化为神奇，神奇复化为臭腐。故曰：'通天下一气耳！'圣人故贵一。"气处于永恒的聚散之中，所以好的可以变成坏的，坏的也可以重新变为好的。所有生命形态也都在永恒的转换中，因此没有必要执着于是神奇还是腐朽，只要明白组成形态的气就是最可贵的。"圣人故贵一"，圣人的可贵之处就在于视万物为同一，能够做到抱元守一。

故事链接

美国著名电台广播员莎莉·拉菲尔在她 30 年职业生涯中，曾经被辞退 18 次，可是她每次都放眼最高处，确立更远大的目标。最初由于美国大部分的无线电台认为女性不能吸引观众，没有一家电台愿意雇用她。她好不容易在纽约的一家电台谋求到一份差事，不久又遭辞退，说她跟不上时代。莎莉并没有因

此而灰心丧气。她总结了失败的教训之后，又向国家广播公司电台推销她的清谈节目构想。电台勉强答应了，但提出要她先在政治台主持节目。"我对政治所知不多，恐怕很难成功。"她也一度犹豫，但坚定的信心促使她大胆去尝试。她对广播早已轻车熟路了，于是她利用自己的长处和平易近人的作风，大谈即将到来的 7 月 4 日国庆节对她自己有何种意义，还请观众打电话来畅谈他们的感受。听众立刻对这个节目产生了兴趣，她也因此而一举成名了。如今，莎莉·拉菲尔已经成为自办电视节目的主持人，曾两度获得重要的主持人奖项。她说："我被人辞退 18 次，本来会被这些厄运吓退，做不成我想做的事情。结果相反，我让它们鞭策我勇往直前。"

在遇到危险和困难的时候，我们不能悲观，而要去找出转化矛盾的方法；在成功得意时，我们不能让危险有机可乘，而要将有可能引起质变的量变消灭于无形之中。但我们也不能违反事物发展的客观规律，而要在不停的对立之中寻找统一，只有统一才是永恒不变的。所以，在面对成功和失败时，固然要发挥自己的力量，使矛盾的伤害减少到最小，但却没有必要执着于一时的成功与失败，因为无论是成功或是失败最后都将归于统一，大喜或大悲只是对自己的伤害。

以天地为大炉，以造化为大冶

今以天地为大炉①，以造化为大冶②，恶乎往而不可哉？成然③寐④，蘧⑤然觉。

——《大宗师》

注释：①大炉：大炉子。②冶：指炼铁的工匠。③成然：安闲。④寐：睡觉，引申为死亡。⑤蘧（qú）：惊喜自得的样子。

译文：现在把天地看作化铁的大炉子，把造物者看作是大铁匠，我死后，何往而不可呢？死生原像梦境一般，死时安闲似地入睡，生时像从睡梦中惊醒一般。

浅析

庄子把造物者比喻成一位大铁匠，万物都是被打成形的各种铁器，而天地好比一个大冶炉。这位大铁匠，随便拿一块铁要打成什么，就形成什么，他的冶造纯属偶然，铁块既没有眼睛，也不会说话，不能和他互通己见，一切听其自然，不能对他有任何要求。如果铁块突然能说话，提出要求，大铁匠岂不惊讶以为不祥。所以既被造成形之后，一切应该顺其自然，不敢有怨尤。否则将更为痛苦。

庄子不承认死生的分别，是基于他对万物一体的观念，他认为万物的发展，或成为物，或成为人，是没有必然性的，我们出生为人或为物，只是偶然而已，全由造物者做主，造物者给予我们什么形体都是一样，人与物的不同，只是外表形象的不同，实质上是一样的。

🌹 故事链接

在梵蒂冈的西斯汀教堂天花板上，有一幅文艺复兴时期米开朗基罗所画的壁画，其中有一幅画，画着一位满脸须发、看起来慈祥而威严的老者，从半空中伸出他的右手；一位青年男子斜躺在地面上，满脸流露着希望的目光，他那左臂轻轻地靠在曲起的左腿膝盖上，微微抬起他的手臂。老者的指尖快要接触到青年男子的指尖，这两个指尖之间只差分毫，似乎在传授某种讯息，青年男子全神贯注地看着这两只将要接触的手，而这神圣的一触，正好成为画面的焦点。

🌹 启示

庄子认为造化万物的天地是洪炉，并没有一个具体的对象。

比如说一个能干的人在世上，就像将锐利的锥放在袋中，锥的尖端会破袋而出，比喻有才智的人不会被长久埋没，很快就会显露头角。

所爱其母者，非爱其形也，爱使其形者也

所爱其母者，非爱其形①也，爱使②其形者也。

——《德充符》

注释：①形：形体。②使：支配，主使。

译文：它们爱母亲，不是爱它的形体，而是爱支配其形体的那个精神。

孔子在楚国的时候，看见一群小猪正在吃奶，吃了一阵后，小猪才发现母猪已经死了，于是小猪就全部都跑开了。小猪为什么会跑呢？因为母猪死了，与平时活着的样子不同了，小猪就认为母猪不是它们的同类了。所以我们真正爱的不应该是外形，而是外形里面的那种精神。生命的内在美消失了，爱也就消失了。内在的道德不美，那外形再美也是丑陋的；内在的道德是美的，那外形的丑陋也不能掩饰其美。

故事链接

有一位演说家拿了一张崭新的钞票展现给观众，问有没有人要，大部分的观众都举手表示想要。他又把这张钞票用手揉成团，再问观众，还是有大部分的人举手。第三次，他把这张用手团过的钞票放在地下踩，然后再问观众，仍然有大部分的人想要。为什么会这样呢？这是因为不论它的外形怎样变化，它仍然是钞票，其内在的价值并没有发生改变。

启示

有位化妆师说化妆的最高境界就是"自然"，因为自然的妆容才能体现出人的内在美，所以在化妆的时候我们要记住最高明的化妆术是让人感觉没有化妆一样，并且妆容要与自己的身份相匹配，能自然地表现出自己的个性与气质。次一级的化妆是突出个人的优点，让她的优点引起众人的注意。拙劣的化妆是掩盖人的缺点，但这缺点却不是完全能掩盖住的，而且会让人更加明了她的缺点。

物固相累，二类相召也

物固相累①，二类相召②也。

——《山木》

注释： ①累：制约，牵累。②召：吸引。

译文： 万物之间原本是互相牵累的，但二者之间也是相互吸引的。

浅析

这句话的意思是指，矛盾是普遍存在、相生相克的。矛盾的普遍性构成了世界的万千变化。世界存在一个因果循环的网，网中的每一个事物都处在相生相克的关系中，既有生之者和克之者，又有它所生的和所克的，还有和它类似的。不论是哪一种情况，都是互相感召的，从而形成了一个命运的共同体。

故事链接

在食物链中，羊是弱者，而狼是羊的天敌，但这里却有一个狼救羊的故事：刚开始羊的数量减少了，是因为狼的数量太多的缘故。但在没有狼之后不久，羊的数量还是减少。因为没有狼以后，羊大量繁殖，不必锻炼

奔跑速度，各方面的素质也都在下降，没有了狼，即使是特别羸弱的羊都会生存下来，久而久之，羊的数量便越来越多，而羊的食物却越来越少，最终导致羊的数量的减少。生态学家建议，放几只狼进去。于是过了几年后，原始森林里又出现了繁荣的景象。

狼救羊的故事告诉我们，敌人能更好地促进自身的成长。有竞争才有进步，没有了竞争对手，也就不容易发现自身的缺点，而无法克服缺点，进步又谈何容易。朋友是可贵的，但有时候敌人却更可贵。和敌人的竞争可以使自己快速地进步，所以才会有独孤求败埋剑，不求成功，但求一败的事情。

人之所美也，鱼见之深入，鸟见之高飞

毛嫱丽姬①，人之所美也，鱼见之深入，鸟见之高飞，麋鹿见之决骤②。

——《秋水》

注释：①毛嫱（qiáng）丽姬：古代两位著名的美人。②骤：快速奔跑。

译文：毛嫱和丽姬是受到人们称道的美丽的人，鱼儿看到她们就潜入深水之中，鸟儿看到她们就飞向高高的天空，麋鹿看到她们就快速地逃走。

浅析

"沉鱼落雁、闭月羞花"都是用来形容女子的美貌的，但现在看来这却是人们发挥想象力的结果，是人们对花、鸟、鱼的行为的一种误解。毛嫱和丽姬，只是人类世界里的美人，而人们却以己度人，认为在其他世界里也应如此。因为人们对世界的认知是有限的，对未知的世界也抱有一种幻想，并且把这种幻想强加在别人身上，久而久之，这种谬误就会广泛流传。

故事链接

庄子和惠子在桥上游玩。庄子说："白鱼在水中游玩，这就是它们

的快乐。"惠子说："你不是鱼，怎么知道鱼的快乐？"庄子说："你不是我，怎么知道我不知道鱼儿的快乐？"

惠子说："我不是你，当然不知道你的情况；而你也不是鱼，所以你也不知道鱼是否快乐。"庄子说："还是让我们顺着先前的话来说吧。你说'你怎么知道鱼快乐'时，那是因为你已经知道我知道鱼快乐才来问我的，而我是在濠水的桥上知道鱼快乐的。"

🌹 启示

庄子并没有讲清楚他是怎么知道鱼是快乐的，但他的确是赢了惠子。因为他抓住了这一点，语言是用来沟通的，而不是事实，惠子则利用语言以己度人了。人类对事物的认知是可贵的，但反过来受制于认知则是可悲的。所以人要有自知之明，而不能以己度人，更不能把自己的意志强加于人，这是对别人的限制，也是对自己的束缚。

人皆知有用之用，而莫知无用之用也

山木自寇①也，膏②火自煎③也。桂可食，故伐之；漆可用，故割之。人皆知有用之用，而莫知无用之用也。

——《人间世》

注释：①寇：侵犯，掠夺。自寇：自取砍伐。②膏：油脂。③自煎：自取灭亡。

译文：山上的树木因为自身的有用性而招致砍伐，油脂因为自身可以燃烧照明的性能而被燃烧。桂树皮因为芳香且可食而遭到砍伐，树漆因为有用处而被割裂。人们都懂得有用的用处，却不明白无用的用处。

浅析

这句话的意思是说，只有异材才会有无用之用。南伯子綦看见一棵大树，这棵树大到能够遮住并排站在一起的四千匹马。子綦说，这是什么树呢？它一定有特殊的才能。但抬头一看时，才发现树的枝干是歪歪曲曲的，所以不能作为栋梁之材；树根不够结实，所以不能做棺材板；叶子似乎有毒，食用则嘴烂，闻之则会呕吐，且三天都吐不完。这棵树大，却大得一无是处，但它"结驷千乘"，可以做一个大的停车场，它就只有这个别的树都达不到的用处了，所以说它是"异材"。对"异材"，人们是不知道如何使用，不知道其是有用还是无用。眼界小的人是不能发现"异材"的无用成就有用的道理的。因为眼界的高低是发现无用之用的关键。惠子对庄子说，魏王送给他大葫芦种子，种子长大之后，结出的果实有五石的容积。如果用大葫芦去盛水浆，那么它的坚固程度将不足以承受水的压力；如果把它剖开做瓢，则没有什么地方可以放得下。这个葫芦也就一点用处都没有了。庄子却说，你有五石容积的大葫芦，怎么不考虑用它来制成腰舟，而浮游于江湖之上，却担忧葫芦太大无处可容？惠子的眼界是小的，因为他只是从世人皆知的葫芦的用途来考虑这个葫芦是否有用，而没有从这个葫芦的实际情况来考虑它是否有用；而庄子却以大眼光看到了这个葫芦的大，可以用在世人所不知的其他用途上。所以在惠子眼中的无用，通过眼界的变化，成为了庄子眼中的大用。

故事链接

法国科学家法伯做过一个有名的"毛毛虫实验"。他在一只花盆的边缘上摆放了一些毛毛虫，让它们首尾相接围成一个圈，与此同时，在离花盆周围6英寸远的地方布撒了一些它们最喜欢吃的松针。由于这些虫子天生有一种"跟随者"的习性，因此它们一只跟着一只，绕着花盆边一圈一圈地行走。时间慢慢地过去，一分钟、一小时、一天……毛毛虫就这样固执地兜着圈子，一走到底，一连  7天7夜，终因饥饿和筋疲力尽而全部死去。后来法伯把其中一个毛毛虫拿开，使其原来的环出现一个缺口，结果是在缺口头一个的毛毛虫自动地离开花盆边缘，找到了自己最喜欢的松针。

🌹启示

李白说过"天生我材必有用"。所以我们要有一双善于发现有用的眼睛，不要拘泥于世人眼中的有用之用，而要善于开发世人眼中的无用之用。社会上有很多事物都是千篇一律的，都在追逐着有用之用。例如以前企业的核心竞争力是对成本的控制，到后来变为企业文化，到了今天又成为学习型组织。有用的东西一经推出，就会迅速地被跟随和复制。因为世人皆知的有用之用就像一块公有地一样，没有竞争性和排他性，迟早会演变为公有地的悲剧。所以企业竞争力最基本的就是要发现无用之中的大用，因为这是其他企业无法复制和跟随的，在资源上具有竞争性和排他性。

唯止，能止众止

人莫鉴①于流水而鉴于止水，唯止，能止众止②。

——《德充符》

注释：①鉴：审察。②唯止，能止众止：只有静止之物方能照人，才能使外物静止下来。

译文：一个人无法在流动的水中照见自己，而只能在静止的水面照见自己，因此只有静止的水才能停止众人的脚步。

🌸 浅析

这句话表面上说出了一个普通的物理现象：当水流动的时候，不能照到我们自己；当水静止澄清时，才可以做镜子用。但实际上却说明了一个富有哲理的观点。人的内心世界其实就是一个浩瀚无边的大海，只有在无风的时候才能一眼望不到边，所以只有心如止水的时候才能看到真实的东西。要认识自己，只有在摒弃心中的杂念、心止如镜的时候，才能够明心见性。

🌸 故事链接

一位得道高僧的斋菜做得很好，一个非常有天分的年轻人慕名来学习。高僧问他做素食什么材料最重要，年轻人没能回答上来。高僧就安排年轻人挑水，并要他在挑水的过程中体会做素食的关键。三年过后，高僧问年轻人有什么收获。年轻人说，他通过挑水克服了急躁、粗心的毛病。高僧笑了，要他去准备用来做面条的水。年轻人恍然大悟，原来水就是做斋菜最好的材料，因为水是最为纯粹的。

🌸 启示

我们做任何事都要保持心念的专一。一切烦恼和痛苦都是没有达到心如止水的结果。心海如果波涛汹涌，那么就永远不可能产生大智慧，生命之流也就永远不能流向自己生命本真的方向。所以我们的内心世界一定要做到静如明镜，这样才能在外在行为上认定一个正确的人生方向和一条正确的途径，然后止于某一点，这样就不会因动向太多而一事无成。

名　利

褚小者不可以怀大，绠短者不可以汲深

褚①小者不可以怀大，绠②短者不可以汲深。夫若是者，以为命有所成而形有所适也，夫不可损益。

——《至乐》

注释：①褚：布袋。②绠（gěng）：绳索。

译文：小的布袋不能包容大的东西，短的绳索不能汲出深井的水。之所以如此，那是因为生命各有它们的形体，也各有它们所适应的地方，这是不能改变的。

❀ 浅析

这句话是孔子劝阻颜回出使齐国时说的。孔子认为燧人、神农、黄帝、尧、舜都是远古的楷模，而齐侯不过是一个诸侯之国的君主，对他谈黄帝尧舜之道无异于鸡同鸭讲、对牛弹琴。鸡和鸭语言不通，对牛弹琴更是违背自然，不顺牛性，不但徒劳无功，而且还有可能会被牛踢倒。孔子担心的正是颜回有可能被齐侯杀死。

❀ 故事链接

星期六上午，一个小男孩在他的玩具沙箱里玩耍。沙箱里有他的一些玩具小汽车、敞篷货车、塑料水桶和一把亮闪闪的塑料铲子。在松软的沙堆上修筑公路和隧道时，他在沙箱的中部发现一块巨大的岩石。

小家伙开始挖掘岩石周围的沙子，企图把它从泥沙中弄出去。他是个很小的小男孩，而对他来说岩石却相当巨大。手脚并用，似乎没有费太大的力气，岩石便被他连推带滚地弄到了沙箱的边缘。不过，这时他才发现，他无法把岩石向上滚动、翻过沙箱边框。

小男孩下定决心，手推、肩挤、左摇右晃，一次又一次地向岩石发起冲击，可是，每当他刚刚觉得取得了一些进展的时候，岩石便滑脱了，重新掉进沙箱。

小男孩只得拼出吃奶的力气猛推猛挤。但是，他得到的唯一回报便是岩石再次滚落回来，砸伤了他的手指。

最后，他伤心地哭了起来。这整个过程，男孩的父亲在起居室的窗户里看得一清二楚。当泪珠滚过孩子的脸庞时，父亲来到了跟前。

父亲的话温和而坚定："儿子，你为什么不用上所有的力量呢？"

垂头丧气的小男孩抽泣道："但是我已经用尽全力了，爸爸，我已经尽力了！我用尽了我所有的力量！"

"不对，儿子，"父亲亲切地纠正道，"你并没有用尽你所有的力量。你没有请求我的帮助。"父亲弯下腰，抱起岩石，将岩石搬出了沙箱。

🌹启示

人贵有自知之明，做符合自己能力的事。万物生来都有其自己的天赋，所以千万不要改变天性，不要揠苗助长。在教育孩子或使用人才时也一定要顺其自然，发挥出他们的天赋，而不要提出超越其能力的要求。

任何人的生活都离不开别人的帮助，所以我们也必须像别人给予我们的那样对别人提供自己力所能及的帮助。人必须互助而且必须是自觉性地互助，不是只要付钱就行，而是必须以尊敬、感谢以及关切来回报。

黑白之朴，不足以为辩，名誉之观，不足以为广

夫鹄①不日浴而白，乌不日黔②而黑。黑白之朴，不足以为辩，名誉之观，不足以为广。

——《天运》

注释：①鹄（hú）：天鹅。②黔（qián）：黑色，此指染黑。

译文：天鹅没有天天洗浴而其羽毛却会自然洁白，乌鸦没有天天渍染而其羽毛却会自然乌黑。乌鸦的黑和天鹅的白都是事物的本性，不足以成为优劣的根据；而名声和荣誉都是外表的东西，更不足以大肆宣扬。

浅析

这句话产生于孔子和老聃讨论仁义的过程中。蚊蝇叮人，伤害虽然不大，但是却往往会使人彻夜不安。所谓的仁义虽貌似真理，但实际上却是谬论的伪饰，它不仅使真理不能传播，而且还使所有人都失去了淳朴和自然，当谬论被说成是真理的时候，就不得不公然说谎。所以宣扬表面的名声和荣誉是好心办坏事，这会比蓄意办坏事的后果更严重。就像是好心地把天鹅说成黑的，大家就认为天鹅真的是黑的了。用虚假的真理去蛊惑世人，这样不仅不能摆脱虚假，更加难以发现真理。自然的黑白就是真理，是亿万年能量博弈后的能量最省状态。世俗的、外表的东西只是从人性原本中剥离的表面的部分，不足以大肆宣扬。真正的仁义道德是一种人的本性的自然流露，就像黑是黑、白是白一样，不是通过说教或混淆就能够改变的。白天鹅不用天天洗澡，就是白的，黑乌鸦就算天天理羽毛，也永远是黑的，因为这是自然的。黑白之朴，是不需要争辩的。通过表面的名声和荣誉来宣扬道

德，是南辕北辙的，这样的道德如果推广开来就会产生严重的后果。所以道德沦丧的根本原因在于人类对自然的不尊重和不敬畏，在于对虚伪的表面的东西的推广。

🌹 故事链接

如果你把 6 只蜜蜂和 6 只苍蝇装进一个玻璃瓶中，然后将瓶子平放，让瓶底朝着窗户，会发生什么情况？

你会看到，蜜蜂不停地想在瓶底上寻找出口，一直到它们力竭倒毙或饿死；而苍蝇则会在不到两分钟之内，穿过另一端的瓶口逃逸一空——事实上，正是由于蜜蜂对光亮的喜爱，由于它们的智力，蜜蜂才灭亡了。

蜜蜂以为，囚室的出口必然在光线最明亮的地方；它们不停地重复着这种合乎逻辑的行动。对蜜蜂来说，玻璃是一种超自然的神秘之物，它们在自然界中从没遇到过这种突然不可穿透的大气层；而它们的智力越高，这种奇怪的障碍就越显得无法接受和不可理解。

那些愚蠢的苍蝇则对事物的逻辑毫不留意，全然不顾亮光的吸引，四下乱飞，结果误打误撞地碰上了好运气；这些头脑简单者总是在智者消亡的地方顺利得救。因此，苍蝇得以最终发现那个正中下怀的出口，并因此获得自由和新生。

🌹 启示

人生百年，功名富贵不过是过眼云烟，生不带来，死不带去。有的人希望自己能够名垂青史，于是终日奔波劳碌，但是人死之后谁又能感受到那些荣誉呢？荣誉也好，耻辱也罢，当它们降临的时候，最好的对策就是以淡然的态度去面对。

不要墨守成规，死抱着以往的经验不放。或许在当今的世界里，混乱的行动要比有序的停滞好得多。

无名故无为，无为而无不为

万物殊理，道①不私②，故无名。无名故无为，无为而无不为。

——《则阳》

注释：①道：大道，天道。②私：偏爱。

译文：万物都具有其个别的规律，大道对它们也都没有偏爱，因此也不会去授予它们名称以示区别。没有称谓因而也就没有作为，没有作为因而也就无所不为。

浅析

从"道"的角度来说，万事万物是不应该有名称的，这是由"道"的大公无私所决定的。但万事万物却都有了一个名称，这是为什么呢？因为人世间存在着"世俗之名"。世俗之名，就是在群众中集合而形成的风俗。刚开始人们的言论是不同的，后来逐渐被同化为一种，再后来相同的东西又散开去变为不同的了。所以现在的名就像是马的各个部分，但却已经不能称其为马了，只有人人都看到的马的各个部分组成的马体才可以被称之为马。所以，有"名"了就会给人以错误的判断。那么，在错误的"名"的面前又应该如何自处呢？丘山是由很多低卑的小山积累到这么高的，江河是汇合许多支流而成为大川的，得道的人要合并众人之见才可以被公认。所以，听到"名"以后，要有主见但又不能固执己见；自己的道理虽正确但也不要拒绝别人的意见。这就需要不偏失。四时有其不同的气候，天不偏私，所以四季得以形成；五官有其不同的职责，君主不偏私，所以天下得治。不偏失就是无所作为，无所作为使事物各因其理地得到了最好的发展，这就是无所不为，即"天地无心而化育，帝王无为而平成"。

故事链接

东汉时期，贵人邓绥受到和帝宠爱，皇后阴氏十分嫉妒。但邓绥为人谦恭，性格柔顺，对阴氏十分尊重。与阴氏同时进见和帝，邓绥从不正坐；和帝每次提问，邓绥总是让阴氏先说，从不与阴氏抢话头；每当发现自己的服饰与阴氏相同或相近时，邓绥便立即换掉，绝不与阴氏抢风头。尽管如此，阴氏仍然与人一起施行巫蛊之术，企图置邓绥于死地。鉴于阴氏的专横、阴险与邓绥的谦逊、忍让形成鲜明对照，和帝幽禁了阴氏，并在邓绥称病辞让的情况下坚持将她立为皇后。这个故事，被后代史家公认为"不争之争"的典型范例。

启示

这里的"不争之争"，与作为领导方法的"无为而治"在道理上是相通的。这里的"不争"并非真正的"不争"，而是以"不争"为"争"的手段；"无为而治"中的"无为"也并非真正的"无为"，而是以"无为"为"为"的手段。所谓"无为而治"，实质上就是把"有所不为"当作治政的方法和艺术。兵法的开山祖师姜太公说，最高明的政治是无为而治。无为而治是在中国政治思想史上占有重要地位的道家学说的核心，道家同样把无为而治视为治政的最高境界。至于历代帝王将相，大概没有谁不希望能用最少的心血来建树最大的政绩。只不过实现无为而治，实在需要领导艺术达到炉火纯青的地步。

名止于实，义设于适

先圣不一①其能，不同其事。名止于实②，义设于适③，是之谓条达而福持④。

——《至乐》

注释：①一：相统一。②实：实际的情况。③适：符合自然规律。④持：持久。

译文：前代的圣王不强求去统一他们的能力，也不治理等同的事情。名义只要求符合实际，合宜的措施则要顺乎自然，此即为条理通达而保持福德。

🌸 浅析

这是关于名和实的辩证关系。"名止于实"是说，实是名的基础，有了实才能有名，没有实的名就是空中楼阁。所以庄子不主张追求虚名，这种态度可以避免很多烦恼。"义设于适"是说，行为规范的设定要建立在当时的实际情况的基础之上，这样的"义"才有基础，才能永久地保存下来。所以"名止于实，义设于适"是保持德行的前提条件。

🌸 故事链接

战国时，齐国有一位喜欢寻欢作乐的国君叫齐宣王。他派人到处寻找能吹善奏的乐工，组成了一支规模很大的乐队。齐宣王尤其爱听用竽吹奏的音乐，每次演出的排场都不小，总要集中三百名乐工一起吹。

有个游手好闲、不务正业的南郭先生，知道齐宣王乐队的待遇很优厚，就一心想混进这个演奏班子。可是他根本不会吹竽，不过他知道齐宣王喜欢所有的乐工一起演奏，自己若是混在里头，装装样子，充充数，谁看得出来！

南郭先生终于千方百计地加入了这支乐队。每当乐队演奏时，他就学着别人东摇西晃，有模有样地吹奏。由于他学得惟妙惟肖，好几年过去了，居然也没露出破绽。

直到齐宣王去世后，他的儿子齐湣王继承王位。齐湣王和他的父王一样，也喜欢听竽。但是他却不喜欢合奏，而爱听独奏。他要求乐工们一个个轮流吹奏给他听。这下子，冒牌充数的南郭先生可紧张了，他的心里七上八下的，眼看就要露出马脚了，欺君犯上的罪名，他可担当不起啊！只好赶紧收拾行李，慌慌张张地溜走了。

🌹 启示

南郭先生之所以能够骗过齐宣王，是因为齐宣王所设立的"义"不符合实际情况，因为他自身就名不副实，附庸风雅，才能使小人有机可乘。可见，在设立规矩前一定要以"实"为前提，这样才能符合实际。在很多情况下，我们都不能清楚地分清虚实，因为有太多的虚名在迷惑着我们，所以我们一定要保持内心的纯净，不要被虚名所迷惑。要不断地充实自己，虚名是没有什么用的。

无转而行，无成而义，将失而所为；
无赴而富，无殉而成，将弃而天

若是若非，执而圆机①；独成而意，与道徘徊。无②转而行，无成而义，将失而所为③；无赴而富，无殉而成，将弃而天。

——《盗跖》

注释：①圆机：变化的枢纽。②无（wù）：通"毋"，不要。③所为：这里指真性情。

译文：或是或非，保持住循环变化的枢机；独自实现你的心意，与大道一同进退。不要固执于你的德行，不要成就于你所讲的仁义，那将会失去你的本能；不要求富有，不要以献身而追求你的成功，这将会舍弃你的真性。

🌹 浅析

这句话的意思是希望人们可以看清楚名利对自己的束缚，认清名利给自己所带来的烦恼，并加以摆脱。如果将自己的物质欲望视为自己的第一目标的话，自己的心将被欲望所填充膨胀。最后，将在世俗的纸醉金迷中失去自己。

🌹 故事链接

一位留学美国的中国学生和朋友谈起了自己看问题视野的变化。

由于小学成绩优秀，他考上了县城的中学。他发现自己再不能像在小学时那样稳拿第一了，于是产生了嫉妒：比自己成绩好的同学原来都有六棱好铅笔，自己却没有，天道不公啊！经过几年的苦读，他居然又成为县中学的第一了。而他又觉得：人与人之间还是不平等的，为什么自己没有好钢笔呢？

中学毕业后，他考上了北京的某所大学，可好景不长，他的学习成绩连中等也保不住了。看到城里的同学是好铅笔成堆，好钢笔成把，早上蛋糕牛奶，晚上香茶水果，想想自己，早上一个窝头还舍不得吃完，还要给晚上留一半。"合理"又从何谈起呢？

5年后，他留学到美国，亲眼看到了五光十色的西方世界，所有的嫉妒、自卑、怨恨却忽然一扫而光了。原来自己选取的比较标准发生了变化，看到的不再是自己的同学、同事和邻居，而是整个世界。

启示

每天我们都能看见在大街小巷里川流不息的人群，他们每个人都在为自己的生活奔波着，正如司马迁所言："天下熙熙，皆为利来；天下攘攘，皆为利往。"然而又有几个人能淡泊名利呢？很多人都在抱怨：凭什么我的房子比别人的小，凭什么我的票子比别人少。在抱怨的时候他们就忘记了人的本性，忘记了真正的生活。所谓"眼内有事三界窄，心中无事一床宽。"只有真正放下了名利和荣辱才能真正走得轻松。

名也者，相轧也；知也者，争之器也

德荡①乎名，知出乎争。名也者，相轧②也；知也者，争之器也。二者凶器，非所以尽行也。

——《人间世》

注释：①荡：败坏。②轧：倾轧。

译文：道德的败坏是由于追求名声，智慧的表露是由于争辩。名声是倾轧别人的原因，智慧是与人相争的工具。二者都是凶器，不可以广泛推行。

浅析

庄子认为追名逐利是道德败坏的始作俑者，如果心中只有名利，那么所有的动机都会偏离原有的轨道。人们会为了名声而互相诽谤，巧智成了追名逐利的工具。所以学习的目的只为了榜上有名，而不是为了真知灼见。知识的获得，是为了更好地求取名和利，所以名和知都是杀生的武器。

🌹 故事链接

范进为去省城参加乡试向胡屠户借盘缠，反遭辱骂，他不甘心，居然瞒着丈人前往应试。范进此举固然是受到了他宗师的鼓励，但如果不是急切地艳羡功名富贵，断然不会有这么大的胆量——从他置老母和妻子挨饿于不顾可知。发榜之日，在断炊的情况下，范进奉母命到集上去卖鸡。去了将近两个时辰，中举的喜报忽到，邻居赶紧去集上把他拉了回来。范进见到了喜报，竟因欢喜疯了，范进在发疯过程中始终只说着一句话："噫！好！我中了！"结果痰迷心窍，昏倒在地，救醒后又发起疯来，拍着笑着，不顾一切地走到集上去；多亏一位报子出了个好主意，找来胡屠户，狠狠地打了他一个嘴巴，这才清醒过来，不疯了。

🌹 启示

人都是有欲望的。欲望在变化，会减弱，也会膨胀。欲望，有时会成为包袱，成为一种束缚。知足常乐，是一种很好的缓解方式。如果大家能多一点知足常乐，那么世上就不会那么复杂，不会存在那么多矛盾了。知足常乐，很容易误解为没有追求。如果你客观地看待一下自己目前的生活，如果真的很糟糕，那还是要去拼一拼。

夫以出乎众为心者，曷常出乎众哉

同于己而欲之，异于己而不欲者，以出乎众为心也。夫以出乎众为心者，曷常①出乎众哉！

——《在宥》

注释：①曷（hé）常：何尝。

译文：希望其他人和自己一样，而不希望其他人和自己不同的人，总是有一种要高于众人的心理。那些以出人头地为内心追求的人，又何尝能真正做到出人头地呢！

浅析

社会标准给人的行为作出了规定，只有符合规定的，才会被认为是正常的，否则就会被认为是异类。被同化的人们都争先恐后地想表现出他们的与众不同，但是既被同化又何来的不同呢？庄子在《大宗师》中说："畸人者，畸于人而侔于天。故曰：天之小人，人之君子；人之君子，天之小人也。"意思是说不合于世俗却合乎天道的畸人，其实是不想出众的人。而那些想出众的"众人"，以天道的标准来看却是小人。

故事链接

一个推销员，他以能够卖出任何东西而闻名。他已经卖给牙医一支牙刷，卖给面包师一个面包，卖给瞎子一台电视机……但他的朋友对他说："只有卖给驼鹿一个防毒面具，你才算是一个优秀的推销员。"

于是，这位推销员不远千里来到北方，那里是一片只有驼鹿居住的森林。"您好！"他对遇到的第一只驼鹿说，"您一定需要一个防毒面具。"

"这里的空气这样清新，我要它干什么！"驼鹿说。

"现在每个人都有一个防毒面具。"

"真遗憾，可我并不需要。"

"您稍候，"推销员说，"您很快就需要一个了。"说着他便开始在驼鹿居住的林地中央建造一座工厂。"你真是发疯了！"他的朋友说。"不然。我只是想卖给驼鹿一个防毒面具。"

当工厂建成后，许多有毒的废气从大烟囱中滚滚而出。不久，驼鹿就来到推销员处对他说："现在我需要一个防毒面具了。"

"这正是我想的。"推销员说着便卖给了驼鹿一个。"真是个好东西啊！"驼鹿兴奋地说。

驼鹿说："别的驼鹿现在也需要防毒面具，你还有吗？"

"你真走运，我还有成千上万个。"

"可是你的工厂里生产什么呢？"驼鹿好奇地问。

"防毒面具。"推销员兴奋而又简洁地回答。

启示

在我们遇到一个棘手的问题时，不妨打破定向思维，另辟蹊径，或许能够达到"柳暗花明又一村"的境界。

培养多元思维，考虑用多种方法来解决某个问题，既可以给平淡的生活增加乐趣，又可以使问题迎刃而解，同时，我们的心情也会变得何其舒畅！

夫子步亦步，夫子趋亦趋，夫子驰亦驰；夫子奔逸绝尘，而回瞠若乎后矣

夫子步①亦步，夫子趋②亦趋，夫子驰亦驰；夫子奔逸绝尘③，而回瞠若④乎后矣！

——《田子方》

注释：①步：步行，漫步。②趋：快速行走。③绝尘：沾不上泥土，形容跑得很快。④瞠（chēng）若：瞪着眼睛的样子。

译文：先生慢慢走我也慢走，先生急走我也急走，先生奔跑我也奔跑，先生疾速地飞奔，学生只好干瞪着眼在后面看了！

🌹 浅析

成语"亦步亦趋"就源于此。颜渊向孔子问道："先生走我也走，先生加快速度我也加快速度，先生奔跑我也奔跑，先生的脚能够不沾地飞奔，而我则只有在后面干瞪眼的份了。"孔子说："颜回，你这些话是什么意思呢？"颜回说："先生到哪里，我也到哪里；先生说什么，我也跟着说什么；先生辩论，我也跟着辩论；先生奔跑，我也跟着奔跑；先生谈论大道，我也跟着谈论大道；等到先生健步如飞、脚不沾地的时候，我就只能眼巴巴地落在后面。先生不说什么就能够取得大家的信任，先生没有任何作为，周围的人就能感受到先生的情意，能让人们自觉地聚在你的身边，我不明白先生是如何做到的。"这个故事表面上是说，做任何事都要有自己的主张，不能人云亦云，也不能为了讨好别人而一味地顺从。但在更深的层次上，这个故事说明了做事的最高境界是"无为"。"无为"之事就像细风轻雨一样能悄悄地进入人们的心里，深深地打上烙印。颜回的"夫子步亦步"只是"有为"地去做事情。在有目的地去追求一个结果的时候，这个结果恐怕就不是自己想要的了；有所求地亲近一个人的时候反而得不到这个人的亲近，而应该将这份情意悄无声息地散发出去，这种"无为"将会收到最好的效果。

🌹 故事链接

这是美国东部一所大学期终考试的最后一天。在教学楼的台阶上，一群工程学高年级的学生挤做一团，正在讨论几分钟后就要开始的考试，他们的脸上充满了自信。这是他们参加毕业典礼和工作之前的最后一次测验了。

一些人在谈论他们现在已经找到的工作；另一些人则谈论他们将会得到的工作。带着经过 4 年的大学学习所获得的自信，他们感觉自己已经准备好了，并且能够征服整个世界。

他们知道，这场即将到来的测验将会很快结束，因为教授说过，他们可以带他们想带的任何书或笔记。要求只有一个，就是他们不能在测验的时候交头接耳。

他们兴高采烈地冲进教室。教授把试卷分发下去。当学生们注意到只有 5 道评论类型的问题时，脸上的笑容更加生动了。

3 个小时过去了，教授开始收试卷。学生们看起来不再自信了，他们的脸上是一种恐惧的表情。没有一个人说话。教授手里拿着试卷，面对着整个班级。

他俯视着眼前那一张张焦急的面孔，然后问道："完成 5 道题目的有多少人？"没有一只手举起来。"完成 4 道题的有多少？"仍然没有人举手。"3 道题？"学生们开始有些不安，在座位上扭来扭去。"那一道题呢？"但是整个教室仍然很沉默。

"这正是我期望得到的结果。"教授说，"我只想给你们留下一个深刻的印象，即使你们已经完成了 4 年的工程学习，关于这项科目仍然有很多的东西你们还不知道。这些你们不能回答的问题是与每天的普通生活实践相联系的。"然后他微笑着补充道："你们都会通过这个课程，但是记住——即使你们现在已是大学毕业生了，你们的学习仍然还只是刚刚开始。"

在我们的生活中，很容易就会发现另外一个自己，这不是因为科学技术已经发展到多么高的水平，而是因为在社会化的标准下，很多人都在用相同的标准来要求自己。社会就像是一个流水线上的大工厂，有不同的产品链，不同的产品链上也会有很多差异化的产品，但工厂的宗旨注定了这些产品都是批量化的。人虽有所不同，但仍然是标准化下的批量产品。如此一来，人在社会中就难免会亦步亦趋了，因为这些就是标准。在这些标准下，人逐渐失去了自己原有的主张。要像夫子那样健步如飞就要摆脱这些标准的束缚，以"无为"化"有为"，这样才能从根本上避免亦步亦趋。

纯粹而不杂，静一而不变，惔而无为，
动而以天行，此养神之道也

形劳而不休则弊①，精用而不已则劳，劳则竭。水之性，不杂②则清，莫动则平，郁闭③而不流，亦不能清，天德之象也。故曰，纯粹而不杂，静一而不变，惔④而无为，动而以天行，此养神之道也。

——《刻意》

注释：①弊：疲弊。②杂：混杂。③郁闭：阻塞。④惔（dàn）：淡泊。

译文：身体劳碌而不休息就会疲惫不堪，使用精力而不停止就会损伤元气，元气损伤精力就会枯竭。水的特点是不混杂就清澈，不搅动就平静，阻塞就不流动，也不会清澈，这是自然之理。所以说，内心纯粹而无外物，宁静专一而没有变化，淡泊而无为，顺应自然而行事，这就是养神之道。

🌸 浅析

庄子认为，人的生命可分为"形"和"神"，其中，神是本，形是末。因为"形得仁义，神之本也"，"神全者，圣人之道也"。那么要如何养神呢？像水一样：纯而不杂，静而不变，惔而无为，纯粹而没有杂质，静止而没有波澜，无为而顺应天然，这样就能保持心性的淳朴。做到了这几点，就能始终保持体内阴阳之气的调和，能"忧患不能入，邪气不能袭，故其德全而神不亏"。养神其实就是修身养性，在于德行的修养。"夫恬惔寂漠，虚无无为，此天地之平，而道德之质也。"虚而无为是养神的关键，这样才能"其寝不梦，其觉无忧，其神纯粹，其魂不罢"。因为"悲乐者德之邪，喜怒者道之过，好恶者德之失"。这就是说，养神要做到淡然无为，不以物喜、不以己悲，抛弃一切欲望，去除一切杂质，否则就会迷失在物质世界中，变得麻木不仁，从而丢失了纯真的本性。养神之道在于保持心灵的纯粹不杂，无欲无念，从而进入虚空的境界。在修养身心的时候要做到"形若槁骸，心若死灰"，进入忘我的境界，这样才能把自我融化在宇宙之中，与道为一，达到养神的最高境界。

🌸 故事链接

1961 年 4 月 12 日，加加林这个 25 岁的矮个儿上尉，代表全人类圆满地完成了探索太空的第一次飞行！从此，他成了全苏联人民的英雄，胸前挂满了各式勋章，走到哪里都是欢呼和盛宴，他的言行举止都成了时尚。以前，加加林只知道当时的苏联领导人赫鲁晓夫是"神"，现在又多了一个，那就是他——尤里·加加林！

从此，他常常无视法律，驾驶着国家送给他的伏尔加轿车在街道上飞驰。有一天，他又顶着红灯横穿马路，结果他的伏尔加撞翻了另一辆车，并让车内一位老人受伤，赶到现场的交警一眼认出了加加林，连忙举手行礼，并拦下一辆过路车，嘱咐司机将加加林安全送到目的地，继而将全部责任记到了那位受伤老人身上！而当无辜遭殃的老人见到面前是加加林时，也赔起了笑脸。

加加林坐在车里，那个老人的苦笑与伤势让他驱之不去，让他更想象不到的是：原来令人崇敬的执法者居然颠倒黑白！而对自己的崇敬更使得那位受伤的长者甘愿顶罪！

这一刻唤回了加加林的英雄本色，他让司机迅速开回出事现场，在民警与老人面前恢复了公正，帮助老人修好了汽车，并承担全部责任。

🌹 启示

"马太效应"使得社会永远存在不公正。当你取得越来越多的成就时，社会便将比之更多得多的奖赏争先恐后地送给你。这时，成功者便很容易失去自我。在这个"企业家为王"的时代，创业的传奇、业绩的辉煌、财富的膨胀，都可能会淹没企业家的自我判断。因此，越是鲜花簇拥、掌声雷鸣，企业家们越需要沉思，越需要迅速跳出躯壳看自己：瞧！这个人是不是正在得意忘形！

古之得道者，穷亦乐，通亦乐

古之得道者，穷①亦乐，通②亦乐。所乐非穷通也，道德于此，则穷通为寒暑风雨之序③矣。

——《让王》

注释：①穷：境遇窘迫。②通：境遇顺畅、通达。③序：规律。

译文：古时的得道之人，境遇窘迫也快乐，境遇通达也快乐。其快乐的原因并不在于境遇的穷通，而是因为他通晓道德，明白穷通之变就像寒暑风雨等自然现象的交替变换一样。

🌹浅析

这句话非常符合庄子对孔子的评价："孔子明帝王之道，应时君之聘，伐树于宋、削迹于卫、穷于商周、困于陈蔡、受屈于季氏、见辱于阳虎，戚戚然以至于死。"孔子为了推行自己的"儒家之道"，率领所有的弟子周游列国，却四处碰壁，处境非常悲惨。但孔子的内心却并不"悲惨"，并非"戚戚然以至于死"的。只要做到了心中不戚戚然，就能够做到"穷亦乐，通亦乐"。

🌹故事链接

有一座山，高耸入云，飞鸟难越，没有人知道它有多高。山前山后有两条路可供攀登，前山大路石级铺就，笔直坦荡；后山小路荆棘丛生，蜿蜒曲折。

一天，父子三人来到山脚。父亲举手遮阳，眺望峰顶，声如洪钟："你俩比赛爬上这山；上山有两条路，大路平而近，小路险而远——选择哪条路，你们自己裁夺。"哥俩思忖再三，各自凭着自己的选择，踏上征程。

时间过去了两个月，一个西装革履的身影出现在峰顶，哥哥走来了。他面色潮红，略显发福，头发油光可鉴。他骄傲地掸了一下笔挺的襟袖，走向充满期待的父亲，说："我赢了，我赢了！这一路真是春风得意。在坦荡的大路上我只需向前，向前！舒缓的坡度让我走得从容，平整的石阶使我心旷神怡。这里没有岔道让我伤神，没有突出的山石给我绊脚。我的心灵没有欺骗我，是英明的选择助我胜利。实践证明：在平坦和崎岖间，只有傻瓜才会放弃平坦，选择崎岖。聪明的选择使我有了多么得意的旅程啊。我获得了胜利，我理当获得胜利！"

父亲慈祥地看着他："你选择得的确聪明，一路走得也十分风光，我的好儿子……"

这之后不知过了多久，又一个身影出现了：他步伐稳健，全身充满着生命的活力；尽管瘦削，衣衫褴褛，但他双目炯炯有神，透着聪慧与睿智。弟弟微笑着走向父亲和哥哥，从从容容地讲起路上的故事："哦，这是多么有意义的一次旅程！感谢您，父亲，感谢您给我选择的机会。一路上陡峭的山崖阻挡着我攀爬的脚步，丛生的荆棘刺破了我裸露的臂膊，疲惫的身心增添着我孤独的酸楚。但我坚持住了，终于，我学会了灵活与选择，学会了机敏与自护，学会了独立与坚忍。路边美丽的景色，使我放慢脚步享受自然的馈赠。在山脚下，我看见山花烂漫、彩蝶翩翩，于是我与山花同歌、伴彩蝶共舞；在山腰，我看见绿草如茵、华木如盖，清澈的小溪静静流淌在林间，朝圣的百鸟尽情放歌于林梢，我拥抱自然的和弦，追逐欢快的节奏。这些往往是我最快乐的时光。可更多的时候是阴冷浓雾的环抱，荆榛丛棘的阻隔。放眼望去，黄叶连天，衰草满路，但我在黄叶林中看到丰硕的果实，从衰草丛内悟出新生的希望。

我感觉自己在成熟，一寸寸地成熟。再往上，是没有一点生机的寒风和石砾，我曾想放弃，但曾经的艰辛温暖着我，启迪着我，给我力量，给我信心，使我忘掉比艰险更艰险的死寂，抛掉比痛苦更痛苦的迷茫！我最终到达了这里！一路上，我阅尽山间春色，也饱尝征途冷暖。为此，我感谢您，父亲，感谢您给我选择的权利，我从自己心灵的选择中懂得了很多很多⋯⋯"哥哥眼中露出不解，但旋即消失，他不无轻蔑地说："可是你输了！""是的，"父亲遗憾地说，"孩子，你输掉了比赛⋯⋯"

弟弟极目远方，脸上露出平和的微笑："但，我赢得了人生！"

🌹 启示

人生就是这样，正是因为崎岖才更多了几分韵味，才更显得其丰富。平坦纵然快捷，但却无法与崎岖之丰富相比。人生往往于其崎岖之中包含智慧和成熟。顺境和逆境共同承托起追求人生的更高境界，是书写人生的两张纸，相互承载了人生的酸甜苦辣。凡走过，必留下痕迹。人生，没有任何过程是白费的，包括所有的辛苦、泪水、辛酸，每一笔都会增加你未来成功的光彩。

夫天下至重也，而不以害其生，又况他物乎！

夫天下至重也，而不以害其生[1]，又况他物乎！唯无以天下为[2]者，可以托天下也。

——《让王》

注释： ①害其生：损害自己的生命。②无以天下为：不关心天下，无所作为。

译文： 没有什么能比治理天下更重的了，但却不足以因此而损害自己的生命，又何况是其他的事物呢！只有不把治理天下看得过重而且一无所求的人，才可以把统治天下的重任托付给他。

🌹浅析

在世人的眼中，金钱、权力、名誉、地位，都被看得很重要，但是如果让人用生命去换取，是没有人愿意的。因为，生命对每一个人来说，都只有一次，失去了就不会再拥有。有了生命，才有可能做自己喜欢的事；有了生命，才意味着有成功的机会。珍惜生命就要用一种平和的心态，漠视一切苦与悲，但是永远不能漠视生命。

🌹故事链接

有一个青年，老是埋怨自己时运不济，发不了财，终日愁眉不展。这一天，走过来一个须发皆白的老人，问："年轻人，你为什么不快乐？"

"我不明白，为什么我总是这么穷。"

"穷？你很富有嘛！"老人由衷地说。

"这从何说起？"年轻人问。

老人反问道："假如现在斩掉你一个手指头，给你1千元，你干不干？"

"不干。"年轻人回答。

"假如斩掉你一只手，给你1万元，你干不干？"

"不干。"

"假如使你双眼都瞎掉，给你10万元，你干不干？"

"不干。"

"假如让你马上变成80岁的老人，给你100万，你干不干？"

"不干。"

"假如让你马上死掉，给你1000万，你干不干？"

"不干。"

"这就对了，你已经拥有超过1000万的财富，为什么还哀叹自己贫穷呢?"老人笑吟吟地问道。

青年愕然无言，突然什么都明白了。

🌹启示

亲爱的朋友，如果你早上醒来发现自己还能自由呼吸，你就比在这个星期中离开人世的人更有福气。

如果你从来没有经历过战争的危险、被囚禁的孤寂、受折磨的痛苦和忍饥挨饿的难受……你已经好过世界上 5 亿人了。如果你能够参加一个宗教聚会而没有侵扰、拘捕、施刑或死亡的恐惧，你已经比 30 亿人更幸福了。如果你的冰箱里有食物，身上有足够的衣服，有屋栖身，你已经比世界上 70％的人更富足了。

人的一生总会遇到各种各样的不幸，但快乐的人却不会将这些装在心里，他们没有忧虑。所以，快乐是什么？快乐就是珍惜已拥有的一切。如果你想生活得快乐，那么就学会知足吧！只有知足，才是寻求快乐的唯一法宝。

庄周梦为胡蝶，栩栩然胡蝶也

昔者庄周梦为胡蝶，栩栩然①胡蝶也。自喻适志②与！不知周也。俄然觉，则蘧蘧然③周也。不知周之梦为胡蝶与？胡蝶之梦为周与？周与胡蝶，则必有分矣。此之谓物化④。

——《齐物论》

注释：①栩栩然：飘飘飞舞的样子。②自喻适志：自得快乐的意思。③蘧蘧（qú）然：惊动后清醒的样子。④物化：事物的变化。也可引申为事物经过变化后，同化为一。

译文：从前庄周梦见自己变成一只飘然飞舞的蝴蝶，自己觉得很快乐！根本不知道有庄周的存在。忽然醒过来，发现自己还是庄周。不知道是庄周梦见自己变成蝴蝶呢？还是蝴蝶梦见自己成为庄周呢？庄周和蝴蝶一定是各有分别，这就叫作形象的变化。

浅析

他在一场睡梦中化身为一只翩翩蝴蝶，快乐逍遥地飞舞，浑然不知谁是庄周；等到忽然醒来，才发觉自己依然是躺在床上大梦初醒的庄周，这令庄子不禁省思蝴蝶与庄周两者之间的微妙关系。

对梦中那只快乐自在的蝴蝶来说，它完全不知自己是庄周所化，还认真地扮演蝴蝶的角色。反之，庄周自以为是现实的人生，会不会也是蝴蝶的一场梦境而已呢？"庄周梦蝶"也可用来比喻人生的变幻无常。

故事链接

故后人常以"南柯一梦"比喻人生富贵如梦幻般的无常，与"庄周梦蝶"中的"梦"有异曲同工之妙！

唐人李公佐的传奇小说《南柯太守传》，叙述一个名叫淳于棼的人，因为喝醉倒在树旁呼呼大睡，梦见自己成了"大槐国"的驸马，并被任命"南柯太守"，享受无比尊荣，其后又历经公主去世、官职被夺，变得一无所有，淳于棼在潸然泪流中大梦初醒，才发现自己躺在一棵大槐树下。

启示

就个体而言，庄周是庄周，蝴蝶是蝴蝶，两者不可能同为一物。

但蝴蝶若是庄周所化，庄周也可以是蝴蝶所化，彼此幻化而生，便是庄子所言的"物化"。人如果能藉由物、我之间的变化，进一步探索人的生死变化，那么对于生命的长短或名利的企求，将不再有所执着！

螳螂执翳而搏之，见得而忘其形；
异鹊从而利之，见利而忘其真

庄周曰："此何鸟哉，翼殷①不逝②，目大不？"蹇裳③躩步④，执弹而留之。一蝉，方得美荫而忘其身；螳螂执翳⑤而搏之，见得而忘其形；异鹊从而利之，见利而忘其真。庄周怵然⑥曰："噫！物固相累，二类相召也！"捐弹而反走，虞人⑦逐而谇⑧之。

——《山木》

注释：①殷：形容大的模样。②不逝：不善于飞行。③蹇（jiǎn）裳：提起衣裳。④躩（jué）步：疾行、快步走。⑤翳：隐藏、隐没。⑥怵然：戒慎、惊惧貌。⑦虞人：守园者。⑧谇（suì）：骂。

译文：庄周叹道："这究竟是什么鸟啊？翅膀那么大却不善于飞行，眼睛那么大却看不清楚？"他提起衣裳快步走过去，拿起弹弓窥伺它的动静。这时看到一只休憩中的蝉，正因为找到凉荫而忘了自身安全；一只螳螂隐藏在后方准备捕捉它，螳螂眼见将有所得而忘了自己形体的暴露；异鹊趁机尾随在后，只顾贪得眼前利害而忘却生命的重要性。庄周看了戒慎地说道："唉！物类互相累害，这皆是两相利害所招致也。"于是他扔下弹弓转头就走，守园的人以为他要偷东西而追着骂他。

🌹 浅析

在这则名句当中，庄子以通俗的比喻来陈述"物固相累"的道理，也引申为贪图眼前利益、不顾后患的涵义。庄子将自己融于寓言当中，整个故事情节或许虚虚实实，但传达出来的理念却十分清晰。在道家的思想当中，人世间的事物相互竞逐，导致诸多斗争利害，欲望贪念既混淆人之耳目视听，也常使人忘却自我。庄子领悟到蝉、螳螂、异鹊的"食物链关系"后，心情突然变得沉重，也感到不愉快。因为他也恍然大悟自己当时的过失，如同蝉、螳螂、异鹊般，只顾眼前利害，而忘了后患，甚至还招来守园人的辱骂。

🌹 故事链接

吴王要攻打荆地，警告左右大臣说："谁敢劝阻就处死谁!"一个年轻舍人想要劝吴王却不敢，便每天拿着弹弓、弹丸在后花园转来转去，露水湿透他的衣鞋，接连三个早上都像这样。吴王觉得奇怪："你为什么要像这样打湿衣服呢?"侍卫对吴王回答道："园里有一棵树，树上有一只蝉。蝉停留在高高的树上一边放声叫着一边吸饮着露水，却不知道有只螳螂在自己的身后;螳螂弯曲着身体贴在树上，想扑上去猎取它，但却不知道有只黄雀在自己身旁;黄雀伸长脖子想要啄食螳螂，却不知道有个人举着弹弓在树下要射它。这三个家伙，都极力想要得到它们眼前的利益，却没有考虑到它们身后有隐伏的祸患。"吴王听后，说："好啊!"随后取消了这次军事行动。

🌹 启示

这句话讽刺了那些只顾眼前利益，不顾身后祸患的人。对鼠目寸光，利令智错、不顾后患这类人提出了警示。好比生活中如果一心想算计别人，却没想到别人也想算计他。我们在考虑问题的时候，要深思熟虑，考虑后果，不要只顾眼前利益，而不顾后患。

其耆欲深者，其天机浅

古之真人，其寝不梦，其觉无忧，其食不甘，其息深深。真人之息以踵①，众人之息以喉。屈服者，其嗌②言若哇③。其耆欲④深者，其天机浅。

——《大宗师》

注释： ①踵：脚跟。这里有根本之意。②嗌：喉咙。③哇：呕吐。④耆欲：耳目口鼻之欲。

译文： 古代的真人，睡觉时安适无梦，醒时无忧无虑，饮食不求甘美，呼吸甚深。真人呼吸下通至脚跟（根本），一般人呼吸仅通到喉咙。这些呼吸不畅者（言论为人所屈服者），他的喉声有如呕吐。嗜欲深多的人，他的精神智能也就非常浅钝。

浅析

欲如火不遏则燎原，欲如水不遏则滔天。嗜欲过深，必然让人浮躁不安，牢骚满腹。看见别人有轿车别墅，自己也要拥有；看见别人升官晋级，自己也跃跃欲试……成天为名所累，为利所困，为欲所扰，这山望着那山高，一心想着一朝成名，一夜暴富，做事东一榔头西一棒槌，哪里静得下心、吃得了苦？正如一幅漫画所说的一种人，想掘井饮水，又无耐心，东挖一坑，西挖一坑，结果欲速不达，挖井很多，却无水可饮，唯留下"天不怜见，造化弄人"恨恨地嗟怨。

欲海无边，知足是岸。人应该知足惜福，懂得成人达己，为社会创造价值，为他人带来幸福。在物欲横流的世界，要稳得住心，定得下神，守得住内心的一片宁静。

故事链接

周穆王当政时，西胡国有个会幻化之术（魔术）的人前来。这人能够进入水火，贯穿金石，倒转山河，挪移城邦，飞空不坠。不只改变物貌，还能改变人的思虑。周穆王把他奉为神，侍候他犹如君王。不过这个化人却嫌王宫简陋不堪，食物腥臭，嫔妃侍女膻气过重。于是穆王另建巧妙无瑕的宫室"中天台"，耗尽国库，又选出温柔貌美的女郎，脂粉佩玉，奏古乐供化人欣赏，但仍无法满足他。

有一天化人邀穆王共游。两人腾空而飞，来到化人的宫殿。这宫殿用金银打造而成，以珠玉做装饰，美不胜收，眼观耳闻，皆非人间所有，穆王认为这应是天帝的居处。俯瞰下界，见自己所造的宫殿犹如乱草堆般。两人继续游历，所到之处光影幻化，迷音乱耳，穆王被迷诱到精神颓靡，不得不请化人带他回返人间。化人推他一把，穆王感觉自己犹如从空中坠落下来。醒后，发现一切依旧，甚至连他的坐姿都没有改变，他连忙问一旁的侍者，侍者答道，他不过只是稍稍静默一会儿。

穆王因此失魂落魄长达三个月之久，愈后，找了化人问话，化人说他与穆王不过是以精神外游而已，形体不需移动。又说他们所到的宫殿与穆王宫殿并无不同，只是穆王习惯常志，却怀疑变化。其实变化急速神妙，非言语所能言，从此，周穆王不问国事，终日驾车游历，活得犹如仙人，到百岁才寿终。

启示

人人都会做的事你也会，人人都能看出来的征兆你也能，人人都贪婪恐惧你也这样，面对成功与失败你同样像常人那样欣喜若狂或沮丧悲伤，那说明你还未领悟到天机。你的物欲太深，你的智慧潜能便不能激发出来。伟大的思想家柏拉图衣衫褴褛地经过一家商店的门口时说：这里面太多的东西是我不需要的。

任何事情你必须有自己的思考，有自己的世界观、价值观，不能随波逐流，你的灵魂一定要独立，你的思想应该是无所羁绊自由自在的状态，努力过好每一天、每一分一秒，多一分淡定从容，少一分浮躁盲动。

吾守形而忘身，观于浊水而迷于清渊

庄周曰："吾守形而忘身，观于浊水而迷于清渊。且吾闻诸夫子①曰：'入其俗，从其令。'今吾游于雕陵而忘吾身，异鹊感吾颡，游于栗林而忘真，栗林虞人以吾为戮②，吾所以不庭也。"

——《山木》

注释：①夫子："夫子"是尊称，相传庄周师老聃，故称老子为夫子。但此乃寓言故事，故无须实指。②戮：侮辱。

译文：庄周说："我为了守护形体而忘了自己；观照浊水反而对清渊迷惑了。我曾听先生说：'到一个地方就要顺从那里的风俗习惯。'现在我到雕陵游玩而忘了自身，异鹊碰到我的额角，飞到栗树林里而忘了真性，管园的人辱责我，所以我感到很不愉快。"

🌸 浅析

庄子手拿弹弓，原本想要打下鹊鸟，但在目睹此一因果关系后，引起他对于人类存在处境的深思。不管是蝉、螳螂、鹊鸟，或是守园的人，都因为把它者当成自己攫取、捕捉、提防的对象看待，所以"见得而忘其形"、"见利而忘其真"，而只有把自己融入万物的存在之中，让自己的素朴之心贯通于万物之中，才能够守真保身。

🌸 故事链接

相传庄子曾做过宋国蒙县的漆园吏，类似今日政府中的低级公务员，却因此有机会多与天地大自然接触。

庄周之所以不愉快，是因为三天前到雕陵的栗园游走，看见一只怪异的鹊鸟从南方飞来，翅膀有七尺宽，眼睛直径有一寸长，碰到庄周的额角而停在栗树林中，于是庄子提起衣裳快步走过去，拿着弹弓窥视它的动静。这时看见一只蝉，靠着美叶荫蔽而忘了自身安全；有只螳螂隐蔽着身子而捕住了它，但螳螂因为捕获猎物而忘了自己的形体；异鹊从后乘机攫取螳螂，但也因只顾贪利而丧失了真性。庄周看了有所警惕，说："唉！物类相互为害，都是因为两者互相招引贪图所致！"于是扔下弹弓回头就走，管园的人以为他偷栗子而追赶责骂他。

启示

富有的人，劳累身形勤勉操作，积攒了许许多多财富却不能全部享用，那样对待身体也就太不看重了。高贵的人，夜以继日地苦苦思索怎样才会保全权位和厚禄，那样对待身体也就太忽略了。人们生活于世间，忧愁也就跟着一道产生，长寿的人整日里糊糊涂涂，长久地处于忧患之中而不死去，多么痛苦啊！那样对待身体也就太疏远了。刚烈之士为了天下而表现出忘身殉国的行为，可是却不足以存活自身。这样的行为是真正的好呢，还是实在不能算是好呢？如果认为是好行为，却不足以存活自身；如果认为不是好行为，却又足以使别人存活下来。

为善无近名，为恶无近刑

为善无近名，为恶无近刑①，缘②督③以为经④，可以保身⑤，可以全生⑥，可以养亲⑦，可以尽年⑧。

——《养生主》

注释：①刑：刑戮。②缘：因，顺着。③督：人体经络中的督脉，引申为中虚之道。④经：常法。⑤保身：保全身躯，免遭刑戮。⑥全生：生通性，保全自己的天性。⑦亲：新生之机。⑧尽年：指享尽天年。

译文： 做了世人所谓的善事，不要去贪图名声，做了世人所谓的恶事却不至于面对刑戮的屈辱，遵从自然中止之道并把它作为顺应事物的常法，这就可以护卫自身，就可以保全天性，就可以不给父母留下忧患，就可以终享天年。

🌹浅析

庄子认为善于养生的人，要知道如何"趋利避害"，怎样在动荡的社会中待人处世，以求得全性保身，避免从事对养生有害的行为。不但不可以"为恶"，也不可以"为善"。因为做坏事触犯法律，会招致刑罚的制裁，有违养生之道；做善事，会因为善事近名，自己便不得安闲，结果，能者多劳，亦是杀生之机。

"为善无近名"是说做善事容易获取好的声誉，但是有好的名声之后，常因能者多劳而不得安闲，有碍养生之道，所以，庄子反对"为善"。真正的"为善"应该发自内心并且不求报偿的。俗谚说："有心为善，虽善不赏。无心为恶，虽恶不罚。"一个人有心去做好事，但这种行为没有什么值得奖励的。

🌹故事链接

楚王听说庄子很有才能，想请他出来当官。于是派遣使者前去拜访他。庄子对使者说："听说楚国的宗庙里供奉着一只神龟，龟壳外头还用织着纹饰的锦绣小心翼翼地包裹着。你觉得这只龟如果有灵性的话，它希望死后龟壳被供奉在宗庙里呢，还是活着在野外拖着尾巴在烂泥巴里爬行呢？"使者回答："应该是活着在野外拖着尾巴在烂泥巴里爬行吧！"庄子："好吧，那你们可以走了！我也愿意活着在野外拖着尾巴在烂泥巴中爬行。"

🌹启示

做善事不要与名誉沾边，做恶事不要惹上刑戮。一切遵循虚无的自然之道进行，并且习以为常，便可以保住自身，可以全养性灵，可以颐养新生之机，可以享尽天年。

巧者劳而知者忧，无能者无所求

曰："已矣，吾固告汝①曰人将保汝，果保汝矣。非汝能使人保汝，而汝不能使人无保汝也，而焉用之感豫②出异③也！必且有感④，摇而本才⑤，又无谓也。与汝游者，又莫汝告也，彼所小言，尽人毒也。莫觉莫悟，何相孰⑥也！巧者劳而知者忧，无能者无所求，饱食而敖游，泛⑦若不系之舟，虚而敖游者也。"

——《列御寇》

注释：①汝：你。②感豫：讨人欢心、喜爱。③出异：表异、与人不同。④感：同"撼"，撼动。⑤摇而本才：动摇了本性。⑥相孰：相熟悉、相亲爱之意。⑦泛：飘然貌。

译文：（伯昏瞀人）说道："算了吧！我已经告诉你说人们将会归向你，现在果然依归于你。不是你能使人心向于你，而是你无法不使人不归附于你，你何必这样为了引人喜欢而表现得与众不同呢！一定是有什么动摇了你的本性，这又是无谓的事情。跟你一块的人又不告诉你，他们只会说着猥琐的言论，尽是毒害人的。不能觉悟，怎能相熟呢？智巧的人忧劳，不用智巧的人无所求，只要饱食遨游，飘然像只无所牵绊的船，虚心广纳地遨游。"

🌹浅析

这句话出自《庄子·列御寇》。说的是如果一个人才华出众，就难免为才华所累，比别人多付出很多辛劳，疲于奔命的意思；一个人要是很有智慧，由于知晓了许多宇宙人生的道理，便老是思虑过多，每日殚精竭虑，忧愁苦思。所以，你看，巧者劳、智者忧啊。而'无能者'呢，便没有这方面的困扰，恰恰由于我平庸、我简单，既不'劳'也不'忧'，每天吃饱了就出去散步，好不惬意啊……

故事链接

列御寇准备到齐国去，走到中途又回来了。有个名叫伯昏瞀人的人正好走到他回来途中暂住的地方，便问他："你为什么刚去齐国便中途回来了呢？"

列御寇说："我感到惊骇诧异！路上我曾到十家卖浆的店吃饭，有五家见到我竟主动要把饮食送给我白吃白喝。"

伯昏瞀人说："那你又有什么值得惊骇诧异的呢？"列御寇说："人对我这样，说明我内在的诚笃没有疏解，以至表现在言语行动上。我镇服了人心，使他们对我比对老者还尊重。这样我必定会招来灾祸！卖浆的人只是小本买卖，卖吃卖喝，没多少赢利，还这样待我，何况万乘的国君呢！国君为国家劳瘁，为政事伤神，我这种样子去见国君，国君势必会要我为他担任什么职务，做出政绩，所以我惊骇诧异，害怕而不敢再向前走。"伯昏瞀人说："你还真会观察。不过你等着吧：人们将会归附于你，聚守在你门下。"

果然不多时，列御寇住处的门前挤满了拥戴列御寇的人。

伯昏瞀人用下巴抵着拐杖，站着看了一会儿，便一声不响地离开了。

列御寇见伯昏瞀人离去，鞋也没来得及穿，便提着鞋，光着脚丫，赶到门口，对伯昏瞀人说："先生既然已走到我门口，为什么不给我一点药石之言，点拨一下我呢？"

伯昏瞀人说："算了吧！我说人们会归附你，聚守在你门下，现在果然如此！谁叫你表现与众不同叫人喜欢你呢？和你在一起的人不提醒你，他们说的都是让你高兴的话，这种话对人是最有毒害的。你身边没有能让你觉醒明悟的人，大家一起，相处竟这样亲亲密密！有技巧的人只是多一分辛劳，聪明的人亦只徒有忧苦，只有毫无用处的人无所希求。像我这样，吃饱了饭就优哉游哉，飘飘荡荡，就像那没有拴绳子的船一样。心中虚旷，不存在任何一种东西，连诚笃也不存在，只有这样，才能与天地遨游。"

🌹启示

越攻于心机，越是想谋取事物的人将只会疲劳、忧虑，只有不用智巧的人能随心所欲、无所强求，进而能饱食终日、遨游天地。

然而这种处世态度与积极入世的儒家背道而驰。孟子曾经说过，有能力之人做的就是管理人、为人谋福利的事业；被管理的人就只能提供劳力、尽其本分而已。然而对"无能者无所求"之人，就只能规范治理，为他们谋取更好的未来。传统的农工商的社会，将士大夫置于顶端，尊重且推崇的原因在于儒家思想中"任重而道远"的使命感。因此对他们而言，所谓"巧者劳而知者忧"，反而使他们汲汲营营。

鹪鹩巢于深林，不过一枝；偃鼠饮河，不过满腹

吾将为实乎？鹪鹩①巢于深林，不过一枝；偃鼠②饮河，不过满腹。

——《逍遥游》

注释：①鹪鹩：鸟名，叫声悦耳，短尾常翘于背上，喜欢步行、跳跃。②偃鼠：即鼹鼠。

译文： 我难道会追求外在的虚名吗？鹪鹩在深林中筑巢，所占的不过是一棵树枝；鼹鼠口渴，只喝一些河水肚子就饱。

🌹浅析

一箪食、一瓢饮，安于清贫、自乐的人几乎销声匿迹了。"鹪鹩巢于深林，不过一枝；鼹鼠饮河，不过满腹。"鹪鹩在深林里做窝，不过是占一棵树枝；鼹鼠喝大河里的水，最多只能是喝饱肚子。而有些人活得不如这些动物明白，你说他们不累谁累？

🌹故事链接

李沆是宋真宗的宰相，是一位谨言慎行、奉公守法的好官，他家中的客厅小得只容许马身掉转。不论是他的弟弟、妻子或外人，都劝他换个大一点的房子。李沆最后告诉大家："今市新宅，须一年缮完，人生朝暮不可保，又岂能久居？巢林一枝，聊自足耳，安事丰屋哉？"意即布置新的房子需要一年的时间，而人的生命却随时有可能结束，岂能一直住在房子里？我们只要像鸟一样有个可以栖息的地方就好了，何须大房子呢？

🌹启示

人生何必需要多余的东西，只要合理取得可以温饱的物资就好了。谢灵运殊不知自己生在可以自足的家庭中是非常幸运的，很多没有稻田的小老百姓，应该无法同意他的观点。

修 身

肌肤若冰雪，绰约若处子

藐①姑射②之山，有神人居焉。肌肤若冰雪，绰约③若处子④，不食五谷，吸风饮露，乘云气，御飞龙，而游乎四海之外；其神凝⑤，使物不疵疠而年谷熟。

——《逍遥游》

注释：①藐（miǎo）：遥远的样子。②姑射（shè）：传说中的山名。③绰约：姿态柔美。④处子：处女。⑤凝：指神情专一。

译文：在遥远的姑射山上，居住着一位神人。他的皮肤像冰雪一样润白，体态像处女一样柔美，不吃五谷，吸清风饮甘露，乘云气驾飞龙，遨游在四海之外。他气定神凝，使得世间万物都不会遭受到灾害，谷物也年年丰熟。

🌹浅析

这是庄子在《逍遥游》中刻画的一位神人的形象。这位神人的体态柔美，吸风饮露，动则乘云遨游于天际，静则凝神如处子。任凭自己的心灵在浩瀚中自由地翱翔。

庄子穷其一生都在追求"天人合一"的大境界，即使生活在战乱纷飞的动荡世界里面，依然追求着自己的理想。他认为，要想成为一个完整的人，就一定要拥有一颗不断追求梦想的心。

一百多年前，一位穷苦的牧羊人带着两个幼小的儿子替别人放羊为生。有一天，他们赶着羊来到一个山坡上，一群大雁鸣叫着从他们头顶飞过，并很快消失在远方。牧羊人的小儿子问父亲："大雁要往哪里飞？"牧羊人说："它们要去一个温暖的地方，在那里安家，度过寒冷的冬天。"大儿子眨着眼睛羡慕地说："要是我也能像大雁那样飞起来就好了。"小儿子也说："要是能做一只会飞的大雁该多好啊！"

牧羊人沉默了一会儿，然后对两个儿子说："只要你们想，你们也能飞起来。"

两个儿子试了试，都没能飞起来，他们用怀疑的眼神看着父亲，牧羊人说："让我飞给你们看。"于是他张开双臂，但也没能飞起来。可是，牧羊人肯定地说："我因为年纪大了才飞不起来，你们还小，只要不断努力，将来就一定能飞起来，去想去的地方。"

两个儿子牢牢记住了父亲的话，并一直努力着，等他们长大——哥哥36岁，弟弟32岁时——他们果然飞起来了，因为他们发明了飞机。这两个人就是美国的莱特兄弟。

其实，我们大多数人虽然个体是完整的，但是似乎又缺少什么，可能我们无法感知自己最缺乏的到底是什么，或许是想拥有最健康的身体、最美丽的容颜，还有财富、荣誉、地位等等。但是无论是什么，我们曾经都渴望成为我们梦想中的那位仙人。

来往于繁华之中，生活的压力、物质的欲望，一次次冲刷着我们的心灵，眼中的世界渐渐地取代了心中的理想。当那梦中美妙的仙人世界，再也抵不过这浮华的灿烂之时，就只剩下那一声叹息回荡在我们心中的世界，祭奠着我们那曾经的梦想。

故金石有声，不考不鸣

金石①不得，无以鸣。故金石有声，不考②不鸣。

——《天地》

注释：①金石：指能发出声音的金、石制品。②考：敲击。

译文：金石如果得不到外力就无法鸣响，所以钟磬等器物即使可以发出鸣响，却也是不敲击就不会响的。

🌸 浅析

金石在没有获得外力的情况下，是没有办法鸣响的。所以钟磬之类的器物即使存在鸣响的本能，在不敲的情况下也是不会响的。万物都有其自己的本能感应，但是在没有外力的情况下，这种本能反应是不能被人感受到的。

所以要感受到灵动，就应该使自己处于"空"的状态，持守真情，修炼德行，这样一来，当外力来临的时候，你就能做出本能的反应。

所以建树盛德、彰明大道，使金石之鸣成为天籁之音。虽然所有"万窍怒号"的声音都不一样，但它们都是天籁一样的。

故事链接

夏洛特黄蜂队的一号球员博格斯从小酷爱篮球，几乎天天都和同伴在篮球场上"斗牛"。当时他的梦想是有一天可以打 NBA。

博格斯身高只有 1.60 米，在东方人里也算是矮子，更不用说在身材高大的 NBA 了。

博格斯虽然是 NBA 里最矮的球员，但却是 NBA 表现最杰出、失误最少的后卫之一。不仅控球一流，远投神准，甚至在高个队员面前带球上篮也毫无畏惧。人们每次看到博格斯像一只小黄蜂一样满场飞奔，心里总忍不住赞叹，他的表现不仅安慰了天下身材矮小而又酷爱篮球者的心灵，也鼓舞了平凡人内心的意志。

启示

每个人从呱呱坠地的那一刻起，就是不同的。但是每个人都具备自己的天赋，在现实标准下的差异，并不能用好坏高低来界定。每个人都能激发出属于自己的"人籁"，而且每个人都在为自己谱写生命的乐章。一样的乐谱，用相同的乐器来演奏，但是出自不同人之手的话，其格调也不尽相同。共同的世界呈现在不同的人的视野里面，自然也各不相同。而我们感悟的是我们自己的生命、自己的生活，真正的"人籁"是由自己的真性情所感悟出来的。

如果用别人的价值观来衡量自己所走过的路的话，再成功的人，在某一方面也是失败的。

——忠于自己的性情。所以人生的目的就是寻找到属于自己的声音，演奏好自己的人生。

吾所谓无情者，言人之不以好恶内伤其身，常因自然而不益生也

吾所谓无情者，言人之不以好恶内伤其身，常因①自然而不益②生也。

——《德充符》

注释：①因：顺应。②益：增添。

译文：我所说的无情，是说人不以好恶而使自身的本性受到伤害，要经常顺应自然而不补充什么。

🌹 浅析

庄子在这句话中，向人们阐述了"性"与"情"的关系。自然赋予我们容貌和形体，同时也赋予我们本性。顺应自然而生的真性情不是人为可以改变的，性不可变，情不可移，所以不要因为喜怒哀乐所产生的七情六欲伤害了自己的本性，这些外在的情欲都是对天性的一种羁绊。

在红尘中追寻自我本性是件非常不容易的事情，诸多琐事左右着我们的生活和心情。日益烦躁的情绪渐渐地成为了我们的习惯。而与此同时，我们天生的本性被种种现象所掩盖。这使得我们将情欲之情看作本性之情。

🌹 故事链接

有一位老太太，生了两个儿子。等两个儿子长大了，自谋活计做

生意，不巧的是二人做的生意多看天气进出。大儿子卖盐，晴天可以多晒些盐也好多卖些；二儿子卖伞，阴雨天就可以把伞卖给急用的人。

老太太却总是晴天担心二儿子的伞卖不出去，阴雨天又担心大儿子的盐没处晒，一连几天不吃不喝，一脸皱纹里夹满了愁闷。俩儿子一时忙于店里的活儿，过些日子才晓得。心里想，让老娘这么帮着"省"粮食可不孝。到了晚饭后，见老太太还是不吃不喝。双双来到老太太床前探视，老太太神志已有些恍惚，迷离的双眼移动在儿子们关切的脸上，好大工夫才说出原因。俩儿子这才宽心，敢情老太太身上没病，心里压了这么块大石头呀。可是苦于嘴拙，竟劝不动，好歹让老太太吃了点米糊，就都睡去了。

翌日，趁着客人上门，就讨教一些哄老太太好转的法子。有一熟客听了原委后，呵呵一乐，直呼好办。大儿子叫上二儿子，请那熟客上家一趟。

只听那熟客隔着门帘响声说道："老太太，晴天时你家老大好卖盐，阴雨天时你家老二好卖伞，不管晴天还是阴雨天，你家都有生意好做，都是你家赚钱。你老真有福气哟!"不一会儿，门帘由里掀开，老太太眯缝着笑眼就出来了，一副乐呵呵迎客的热乎劲头，原先夹着愁闷的皱纹此刻还是夹得紧紧的，不过夹的是满面的笑意。直看得俩儿子也乐开了花。自然，最后熟客因盛情难却留下来共用了晚饭。

🌹 启示

东边日出西边雨，道是无晴却有晴。生活中的有情和无情，因为有太多的人为因素，所以被混淆了。因为情感意识都是后天形成的，所以很多人为的情感污染了我们的真性情。七情六欲越强烈，我们生命的本性就越少，所以我们应该减少七情六欲的束缚，逐渐恢复自己的本性，并逐渐修炼到无情的境界。那么要怎样才能做到无情呢？那就是不要在乎外在的环境，而要做到情到天然，心境平和。

天之小人，人之君子；人之君子，天之小人也

畸人①者，畸于人而侔②于天，故曰，天之小人，人之君子；人之君子，天之小人也。

——《大宗师》

注释：①畸人：畸形的人。②侔（móu）：齐，同。

译文："畸人"就是与世俗有异而顺应自然的人。所以说，在自然中看来是小人的，在人世间却是君子；在人世间看来是君子的，在自然中却是小人。

浅析

在世俗中认为的君子却是自然的小人。因为"为人使以伪，为天使以难"，自然的小人没有伪装，不流于世俗，始终保有本真，是一个真君子；而世俗的君子却是人为的，是违背了本性的，在自然面前是一个不折不扣的小人。

故事链接

有一个乞丐，有一天来到一个大户人家的门口等待施舍。这个大户人家是非常有名望和地位的，他们认为有乞丐在家门口，于脸面无光，所以这户人家的老爷就扔给这个乞丐几个铜板，叫他马上离开，以后再也不许出现。第二天，这个老爷又看到了这个乞丐，他非常生气，打算叫来家丁把乞丐轰走，但是这次乞丐过来，却只是来把一个价值连城的玉佩送还给他。这个老爷瞪大了眼睛，他不敢相信，这个

一文不名的乞丐竟是个君子。

🌹启示

在世俗中插科打诨，为的就是一份生存的余地。为了生活中的种种欲望，我们身不由己地走在世俗的河滩上，明明知道双脚已经沾满了泥沙。但是双耳已经被河水畅快的奔腾所掩盖。

为了种种的"情不得已"、"身不由己"。我们将自己的真实面目掩盖起来，殊不知本身承受着欲望和世俗的双重煎熬，但是却乐此不疲地对身边同样是戴着面具的人笑着说："我很开心"。

在这种生活中，我们成为了一个偷走自己原本自由的内心的贼，用自己的双手将它埋葬，没有了心，又能怎样体验生活呢？所以，千万不要陷入世俗加在我们身上的束缚，与其做一个世俗的君子，还不如做一个自然的小人。

是故凫胫虽短，续之则忧；鹤胫虽长，断之则悲

一彼正正①者，不失其性命之情②。故合者不为骈，而枝者不为跂③；长者不为有余，短者不为不足。是故凫胫④虽短，续之则忧；鹤胫虽长，断之则悲。故性长非所断，性短非所续，无所去⑤忧也。

——《骈拇》

注释：①正正：可能是"至正"之误，是"至理正道"的意思。②性命之情：顺其自然的真情。③跂：通"歧"。④凫（fú）：野鸭。胫（jìng）：小腿。⑤去：摒弃。

译文：那些合乎正道的，不会失去其自然的本性。因此合在一起的不算是并生，而枝生出来的也并非多余；长的不属有余，短的不属不足。所以野鸭的腿虽短，但如果续上一段那就会有忧患；鹤的腿虽

长，但如果截去一段那就会很可悲了。故而本性长的不可以截短，本性短的也不可以续长，这样顺其自然也就没有忧患要排除了。

浅析

大自然的所造之物，都有其独特的存在和禀性，这个禀性能为它的存在发挥更好的作用。如果人为地更改了这种禀性，那不仅会弄巧成拙，甚至可能会导致无法生存。

故事链接

从前，为了防盗，在街头巷口设立闸门，由更夫负责开关。可闸门的春联却要由各家轮流贴。

这年轮到贴春联的这家，没人识字，主人便去春联摊上买了一副现成的，贴到闸门上。没成想把对联贴反了，变成：

盛世无须掩闸门

太平不用敲更鼓

按民俗，贴反春联是不吉利的，等发现时天色已晚，揭也揭不下，买又买不到。恰巧一位教书先生经过，大家求他代写一副。这位先生思忖一番，让人把上下联最后一个字铲去。再一看，就是一副上联仄声结尾、下联平声结尾的六言对联：

盛世无须掩闸

太平不用敲更

这事传扬开去，人们都很佩服教书先生"铲"对联的办法。

事情传到一个财主家，财主也为春联的事犯愁呢！他目不识丁，也把对联贴反了：

积善家福寿无穷

发财户金银尽是

知道了"铲字"的办法，他也学着把"穷"、"是"两个字铲去了，大家一看，门两旁是：

积善家福寿无

发财户金银尽

不但结尾平仄字没变过来，而且连意思也给铲坏了。一时传为笑话。

启示

强制改变事物原有的自然禀性，那就如同在健全的形体上加上了累赘。这些累赘不会起到一点好作用，甚至弄巧成拙后，会伤害到事物自身。

为之仁义以矫之，则并与仁义而窃之

为之斗斛①以量之，则并与斗斛而窃之；为之权衡②以称之，则并与权衡而窃之；为之符玺③以信之，则并与符玺而窃之；为之仁义以矫④之，则并与仁义而窃之。

——《胠箧》

注释：①斗斛（hú）：古代的两种量器，十斗为一斛。②权：秤锤。衡：秤杆。③符玺（xǐ）：古代两种作为凭证的信物。④矫：纠正。

译文：天下人制定出斗、斛来计量物品的数量，那么斗、斛就会被一同盗窃走；天下人制定出秤锤、秤杆来计量物品的重量，那么秤锤、秤杆就会被一同盗窃走；天下人制定了符、玺用来取得别人的信任，那么符、玺就会被一同盗窃走；天下人制定了仁义使人们的道德和行为变得有秩序，那么仁义就会被一同盗窃走。

上有君子以仁义争名，下有小人以仁义争利，如果每个人都将仁义作为一个标准来加以利用，甚至给人的本性也设置仁义的话，那么人性就不复存在了，存在的就只是人们制定的仁义标准。

故事链接

有一只小鹰，从小就是在鸡群里长大的，它一直认为自己是一只鸡。所以主人真正要放这只鹰的时候，无论怎么打、怎么骂、怎么给它吃的诱惑它都不行，它就认为自己是鸡，飞不起来。最后主人太失望了，他觉得自己白养了一只雏鹰，一点用处都没有了，于是就决定把它扔了。他把这只鹰带到了悬崖边，像扔一只鸡崽一样一撒手，鹰垂直向悬崖底下掉下去。就在坠落的过程中，这只鹰扑棱扑棱翅膀，在没有坠地的时候，突然飞起来了，这是为什么呢？是因为就在坠落悬崖这样一个高空的落差中，它的天性被恢复了，因为它知道它的翅膀是有用的，而过去主人养育它的过程中，一直把它和鸡群养在一起，没有用过它的翅膀……

启示

人们生活在道德、法律、规定、规则等种种条条框框下，以这些条条框框来约束自己的行为，这是由于人们生活的社会是个繁杂的社会，需要这些硬性的东西来维护人们的生活。但是如果将人本性里面自然的东西，加以约束。正如孩子们的创造力、想象力等等天真烂漫的地方，以"正确"的成长方向为理由加以抹杀。那么，我们的社会就会成为一个流水线式的社会。只有符合"规格"的人才被人所接受，如果这些"规格"反过来被人们加以利用的话，将会发生多么残忍可悲的事情。

做人要做本性自然的人，要正确看待所生活的圈子里面的条条框框，不能以条框自缚，而成为一个"合约"式的人。

朴素而天下莫能与之争美

静而圣①，动而王②，无为也而尊，朴素而天下莫能与之争美。

——《天道》

注释：①静而圣：保持自身虚静无为则为圣人。②王（wàng）：称王。

译文：清静而能够成为圣人，行动而能够成为帝王，无为才能受到尊崇，淳厚素朴的美是天下任何东西都不能够与之相争的。

🌹 浅析

庄子所欣赏的是自然朴素之美，而不是人为的、刻意雕琢的美，他认为这种美是虚伪的。未经雕琢的原木是朴，没有染色的白布是素，只有没有经过装饰的东西，才是最真实的，这样才能使人产生美感。

天鹅自然洁白，不是每天洗澡洗出来的，乌鸦天生黑羽也不是天天日晒的结果。

语言的华丽只会遮蔽言说的真面目，而不能让人信服。"有为"为人性设立负担，而不能使其更好地发挥本能，如果能以朴素立身处世，则无往不胜，怡然自得。

🌹 故事链接

"先天下之忧而忧，后天下之乐而乐"的范仲淹年少求学时，由于家贫，他的生活十分艰苦。每天晚上，他用糙米煮好一盆稀饭，等第二天早晨凝成冻后，用刀划成四块，早上吃两块，晚上再吃两块，这就是"划粥"。没有菜，就切一些腌菜下饭，这就是"断齑"。生活如此艰苦，但他毫无怨言，专心于自己的读书学习。"断齑划粥"的典故即由此而来。

范仲淹的艰苦生活，被当地留守官的儿子知道后，深为同情，便从家里送来了好菜好饭，范仲淹表示感谢，收下了饭菜。几天之后，留守的儿子来看范仲淹之时，看见自己送给他的饭菜还在那里，都已经坏了，大惑不解。范仲淹解释说："您赠我好饭菜，实在感激不尽，但我平时吃稀粥吃惯了，并不觉得怎样苦。现在我如果贪食这些东西，吃好的食物吃惯了，将来怎么办呢?"留守的儿子回家后，将范仲淹的话如实告诉了他父亲。他父亲夸奖说："这真是一个有志气的孩子，日后必定大有作为呀!"后来范仲淹终于成为宋代著名的文学家、政治家、军事家。

🌹 启示

在生活中，有一种极乐叫"失而复得"，这种经历过失去的痛苦然后懂得珍惜的意义，而再次得到失去过的东西之后的喜悦是无法比拟的。但是久而久之，这种"刺激"的感觉就会被欲望所奢化、虚化、伪化。让人上瘾难以自拔。

失而复得之后要以朴素的心性将这种喜悦沉淀下来，因为浮华的东西虽如焰火般炫美，但是亦如流星般稍纵即逝。这种瞬间的刺激不是永恒，无法以生命为代价去追求。

若是以朴素的心态去面对这种波澜般的美丽。这样美丽的东西才会永久地贮存在我们的心中，如此才会体会到生命中处处朴素的至美。

生而美者，人与之鉴，不告则不知其美于人也

生而美者，人与之鉴①，不告则不知其美于人也。若知之，若不知之，若闻之，若不闻之，其可喜也终无已；人之好之亦无已，性也。

——《则阳》

注释：①鉴：镜子。

译文：天生就美丽的人，是别人给他当了一面镜子，如果没有比较他就不会知道自己的美丽。既像是知道，又像是不知道，既像听见了，又像并未听见，他内心的喜悦就没有终止之时；人们对他的喜爱也没有终止之时，这是自然的本性。

浅析

在对事物进行比较的时候，只有将相对或者相同的事物进行比较才会有好坏优劣之分。一个人美不美、一个皇帝贤明与否，这首先要设定一个标准：审美的人通过比较之后，得出一个美的标准，符合这个标准的容貌就是美，否则就是不美；一个皇帝贤明与否，也要根据不同的标准来衡量。

所以不能过于执着于去判断一个世俗的标准，要"若知之"、"若不知之"，而不要因为别人对事物的评价来影响自己的判断。

故事链接

山东省境内的淄水河畔，有一个泥塑的人偶和一个木雕的人偶。在一个天旱无雨的季节里，泥偶和木偶曾有过一段朝夕相处的经历。时间一长，木偶渐渐看不起泥偶，因此总想找机会讥笑它。

一天，木偶带着嘲笑的口吻对泥偶说："你原本是淄水西岸的泥土，人们把泥土糅合起来捏成了你。别看你现在有模有样，神气十足，等八月一到，大雨哗哗而下，淄水一下子猛涨起来，你很快就会被水

泡成一堆稀泥了。"

那泥偶并不在意，它以十分严肃的口吻对木偶说："谢谢您的关心。不过，事情并不像你所说的那样可怕。既然我是用淄水西岸的泥土捏成的泥人，即使被水冲得面目全非，变成了一堆稀泥，也仅仅是还了我原来的面目，让我回复到淄水西岸罢了。而你倒是要仔细地想一想，你本来是东方的一块桃木，后来被雕成了人。一旦到了八月，大雨倾盆而下，引起淄水猛涨，波浪滚滚的河水将把你冲走。那时，你只能随波逐流，不知会漂泊到什么地方。老兄，你还是多为自己的命运操操心吧！"

❀启示

经过实践沉淀下来的东西不仅仅只有真、善、美，还有假、恶、丑，那么区分这些的标准又是什么呢？庄子的朴素辩证主义思想告诉我们，没有绝对的真理，也没有绝对的错误。

可以用来区分这些事物好坏的就只有人自己。遵循事情的本质，运用智慧来鉴别标准，来判断事物。一切由自然起始，一切亦要归于自然。这就是本性中的智慧。

夫全其形生之人，藏其身也，不厌深眇而已矣

故鸟兽不厌①高，鱼鳖不厌深。夫全其形生②之人，藏其身也，不厌深眇③而已矣。

——《庚桑楚》

注释：①厌：厌烦，嫌弃。②生（xìng）：通"性"。③眇（miǎo）：通"渺"，高远。

译文：因此鸟兽不嫌山高，鱼鳖不嫌水深。保全形体、修养本性的人，对隐藏其身形之处，也不会嫌其深远。

浅析

庄子讲了一个庚桑楚居畏垒的寓言。庚桑楚是老聃的弟子，得到了老聃的真传，居住在北边的畏垒山，奴仆中着力炫耀才智、标榜仁义的都不能待在他身边，只有敦厚朴实、任性自得的人才能跟他在一起。三年后，畏垒山一带大丰收。畏垒山一带的人民相互传言："庚桑楚初来乍到时，我们都感到诧异。如今我们以短暂的相处来看他就觉得不足，以长久的相处来看他就觉得有余。他已经接近圣人了吧！大家何不把他当作主一样来供奉呢？"庚桑楚听说要南面为君，马上就感到不快了。弟子们都感到奇怪。庚桑楚说："春天播种，秋天收获，这是自然之道在运行。至人居于小室也能随心所欲、悠然自得。现在我被人们列为圣贤，这不是我愿意的，想起老师的教诲，我就觉得更不安了。"弟子说："大鱼无法在小水沟里生存，小泥鳅却能来去自如；大的野兽没有办法在小山丘里生活，妖狐却能够栖身。大的才能就应该用在大地方。先生你还是顺从吧。"庚桑楚说："巨兽离开山野，就会被罗网捕获；大鱼离开江河就会被蚂蚁吞食。所以鸟兽不厌山高，鱼鳖不厌水深。全形养性的人，收敛自己，也是不厌深远的。"要隐藏自己就是要"无为"，因为即使是善意的"有为"也会导致无形的伤害，更何况是恶意的"有为"呢。

故事链接

有一个人，他得到了一把天下无双名贵的紫檀木弓，这把弓非常重，很压手，但这恰恰是勇士所要的。这个紫檀木，是多年的古木，非常沉实，压在手上非常好用。然后这个人看了半天这个弓，说这个弓是天下最好的良弓，它在使用的时候肯定是最好的，但却不够华美，太朴素了，怎么办呢？紫檀木既然有这么大弓柄，于是他就找了一个天下的能工巧匠，让他在这上面雕刻一幅行猎图，这个巧匠当然尽展他身上的技巧，在整个弓柄上雕刻了一幅行猎

图，有奔跑的马，有追逐的猎物，有搭弓射箭的人，有天上的太阳，地下的土地，惟妙惟肖，把这个弓雕得到处都是花纹。主人拿到手里说，这个弓现在才真正叫作至极完美，最好的一切都加在它身上了。这个时候他搭弓引箭，用力一拉，嘣的一下，弓在他手里断了。这恰恰是因为弓柄承载了过多的花纹。

🌹 启示

在这个世界上打拼生存的人们，为了让自己不断地坚强起来，不断地磨练自己。但是即使是最为成功的人也有自己最为脆弱、最不想被人伤害到的地方。

但是事实并非如此，越是成功、出名的人越会被人们所注意，被媒体所"挖掘"，这样难免会被人伤害到自己的软肋。

如此说来，我们无论取得多大的成就，都不要炫耀自己。将自己的心态放平和，不要让自己的理性被成就感冲走。越是锋芒毕露的人，越是要懂得收敛，懂得保护自己。

听止于耳，心止于符

仲尼曰："若一志①，无听之以耳而听之以心，无②听之以心而听

之以气！听止于耳，心止于符③。"

——《人间世》

注释：①一志：专心致志，摒除杂念。②无：通"毋"。③符：符合。

译文：孔子说："你必须将自己的心思集中起来，不要用耳去听而是用心去体会，不只用心去体会还要用气去感应！耳朵的功能只是聆听，而心的功能仅仅是同外界相交合。"

🌹 浅析

"心斋"是什么？

"心斋"就是让内心进入空明的状态，再用气来感受外物。"气"的特点是"虚"，虚能产生空。以虚空待物待己，就会使心达到空明之境，这就是"心斋"。那么在现代繁忙的生活中要如何做到"心斋"呢？只有真正放下世俗观念，抛下外物的束缚才能达到心境空明而又充实的状态。

🌹 故事链接

有一次，颜回突然对孔子说，他想到卫国去，因为当时的卫君昏庸无道，在他的统治下老百姓民不聊生，大臣多死于无辜，因此他打算去劝谏卫君。孔子听说后马上制止了他。孔子说："如果你直谏，卫君会马上把你杀掉；如果你一切顺着他的意旨办事，那么你就违背了自己的初衷，反而是助纣为虐；如果你外表上假装谦恭，实际上你是慢慢引他进入正途，可是他却会把这当成是你真的赞成他的做法。"总之无论你怎么做都不可能成功。颜回便请教孔子该怎么办。孔子说："斋戒"。颜回说他家里很穷，基本上已经是在斋戒了。孔子说，那只是祭祀中的斋戒，我所讲的是"心斋"。颜回又问什么叫"心斋"。"心斋"就是让内心进入空明的状态，再用气来感受外物。"气"的特点是"虚"，虚能产生空，以虚空待物待己，就会使心达到空明之境，这就是"心斋"。

🌹启示

现代人目前生活的两个基本状态是繁忙与无聊。的确有一部分人是真的很忙，而另一些人却是强迫自己处于忙的状态，他们认为忙就有价值，就能活得有意义。与繁忙相对应的则是无聊，是没事可干。如果说繁忙是一种对外物的孜孜以求，那么无聊就是一种心无所属。心情发乱的时候，无论听到什么声音，都会觉得那是噪音；心绪平静的时候，则能够用心体会那美妙的声音，并且从中体会出很多意象。世间万物都有其存在的理由，只要我们用心聆听，就一定能够获得更多的感悟。

正因为如此，庄子才提出要人们进行自身的修养，通过"心斋"来消除这种繁忙与无聊。其实我们每一个人的眼睛都有向外和向内观看的两种能力，通过"心斋"可以看清自己的心到底有什么愿望。

无所于逆，粹之至也

故心不忧乐，德之至也；一而不变①，静之至也；无所于忤②，虚之至也；不与物交，淡之至也。无所于逆，粹之至也。

——《刻意》

注释：①一而不变：持守专一而永不改变。一：指虚静无为之道。②忤（wǔ）：不顺从。

译文：所以，内心无忧愁与欢乐，是德行的极致；持守专一而不变，是寂静的极致；与所有的外物都互不抵触，是虚豁的极致；与外物无所交往，是恬淡的极致；与所有的事物都没有违逆，是精粹的极致。

无论是对别人还是对自己都能够做到喜怒不形于色，那么就达到了德行的最高境界，因为这样内心就不会受到任何的伤害和改变，并接近到原始的状态。如果内心保持专一，那么无论外界怎么变化，都不能引起其内心的变化，这样就达到了寂静的最高境界。心中没有任何的评判标准，就不会与其他事物相抵触，这样就能达到空虚的最高境界。对外物不加任何的喜好因素，就不会引起任何的物欲，也就能达到恬淡的最高境界。当德行、专一、寂静、空虚、恬淡都达到最高境界后，精神的修炼就达到了最高境界。"心无挂碍，无挂碍故，无有恐怖，远离颠倒梦想，究竟涅槃"，这是《摩诃般若波罗蜜多心经》中的句子，要做到心无挂碍，就要无所于忤，无所于逆。这与专一、寂静、空虚、恬淡是同样的意思。所谓"性不可易，命不可变，时不可止，道不可壅"。对任何事物而言，存在即为理由，存在即为规律，所以不能因任何的外在因素而产生喜乐哀伤之情。因为"悲乐者，德之邪，喜怒者，道之过，好恶者，德之失"，所以我们应该追求"无所于逆，粹之至也"的境界，这样才能"心不忧乐，德之至也"。

🌹 故事链接

一位立志在40岁非成为亿万富翁不可的先生，在35岁的时候，发现这样的愿望根本达不到，于是放弃工作开始创业，希望能一夜致富。

五年间他开过旅行社、咖啡店，还有花店，可惜每次创业都失败，也陷家庭于绝境。他心力交瘁的太太无力说服他重回职场，在无计可施的绝望下，跑去寻求高僧的帮助。高僧了解状况后跟太太说："如果你先生愿意，就请他来一趟吧！"

这位先生虽然来了，但从眼神看得出来，这一趟只是为了敷衍他太太而来。高僧不发一语，带他到僧庙的庭院中，庭院约有一个篮球场大，庭中尽是茂密的百年老树，高僧从屋檐下拿起一支扫把，跟这位先生说："如果你能把庭院的落叶扫干净，我会把如何赚到亿万财富的方法告诉你。"

虽然不信，但看到高僧如此严肃，加上亿万的诱惑，这位先生心想扫完这庭院有什么难，就接过扫把开始扫地。过了一个钟头，好不容易从庭院一端扫到另一端，眼见总算扫完了，他拿起畚箕，转身回头准备收起刚刚扫成一堆堆的落叶时，却看到刚扫过的地上又掉了满地的树叶。

懊恼的他只好加快扫地的速度，希望能赶上树叶掉落的速度。但经过一天的尝试，地上的落叶跟刚来的时候一样多。这位先生怒气冲冲地扔掉扫把，跑去找高僧，想问高僧为何这样开他的玩笑？

高僧指着地上的树叶说："欲望像地上扫不尽的落叶，层层盖住了你的耐心。耐心是财富的声音。你心上有一亿的欲望，身上却只有一天的耐心；就像这秋天的落叶，一定要等到冬天叶子都掉光后才能扫得干净，可是你却希望在一天就扫完。"说完，就请他回去。

临走时，高僧对这位先生说，为了回报他今天扫地的辛苦，在他们回家的路上会经过一个谷仓，里面会有 100 包用麻布袋装的稻米，每包稻米都有 100 斤重。如果先生愿意把这些稻米帮他搬到谷仓外，在  稻米堆后面会有一扇门，里头有一个宝物箱，里面是善男信女们所捐赠的金子，数量不是很多，就当作是今天你帮我扫地与搬稻米的酬劳。

这位先生走了一段路后，看到了一间谷仓，里面整整齐齐地堆了约二层楼高的稻米，完全如同高僧的描述。看在金子的份上，这位先生开始一包包地把这些稻米搬到仓外。数小时后，当快搬完时，他看到后面真的有一扇门，兴奋地推开门，里面确实有一个藏宝箱，箱上并未上锁，他轻易地打开宝物箱。

他眼睛一亮，宝箱内有一小包麻布袋，他拿起麻布袋并解开绳子，伸进手去抓出一把东西，可是抓在手上的不是黄金，而是一把黑色小种子，他想也许它们是用来保护黄金的东西，所以将袋子内的东西全倒在地上。但令他失望的是，地上没有金块，只有一堆黑色籽粒及一张纸条，他捡起纸条，上面写着：这里没有黄金。

这位受骗的先生失望地把手中的麻布袋重重摔在墙上，愤怒地转身打开那扇门准备离开，却见高僧站在门外双手握着一把种子，轻声说："你刚才所搬的百袋稻米，都是由这一小袋的种子费时四个月长出来的。你的耐心还不如一粒稻米的种子，怎么听得到财富的声音？"

显然，一粒稻米，凭借耐心，终成满仓稻粮，耐心的人才听得到财富的声音。

启示

人最难做到的就是用一颗平常心来面对一切突如其来的喜或忧。波澜不惊、宠辱皆忘是一种人生境界，将对内心的掌控，慢慢变成一种自然的状态。

发生几率越是小的，人们越是注重得要命，而一旦这种事物得以实现的话，大喜大悲一并随之而来，大喜或者大悲都是伤人心神的情绪。但是在人生中，天有不测风云，人有旦夕祸福，我们不可能避免种种祸福，但是要如何面对人生呢？

庄子说，安时而处顺，哀乐不能入也。将自己的心看作一片叶子，甚至一粒尘埃，那么无论多么灿烂的阳光，多么汹涌的风雪，都不能破坏我们随风起落的那一份淡然。

让一切都趋于平淡，让心灵跨越时间，这样才能呵护生命。

则知有所困，神有所不及也

神龟能见梦于元君，而不能避余且之网；知能七十二占而无遗，不能避刳①肠之患。如是，则知有所困，神有所不及也。虽有至知，万人谋②之。

——《外物》

注释：①刳（kū）：挖。②谋：谋划。

译文：神龟能给宋元君托梦，却不能逃脱余且的渔网；能够占卜数十次且无不灵验，却不能避免挖肠的祸患。这么说，才智也有困窘之时，神灵也有不灵验的地方。虽然拥有最高超的智慧，但也要有万人来谋划。

❀ 浅析

世界上没有十全十美的东西，无论设计多么完美的事物，都有自己的"罩门"。神龟能托梦给元君，却躲避不开余且的渔网；它的智慧能占七十二卦而没有不灵验的，却不能避免自己的祸患。所以说智者千虑、必有一失，必定有一个危险是他没有估计到的。因此人都要谦虚，取他人之长补自己之短，要懂得克服自身的缺点。

❀ 故事链接

有个自负聪明的学生参加考试。试卷一发下来，他大致浏览了一下，除了试卷上头一行"请先看完所有题目之后，再开始作答"的字样之外，有100道是非题。以他的实力，大约30分钟可答完，他满怀自信地提笔开始答题。

过了两分钟，有人满面笑容地交卷，这个聪明的学生心中暗笑："又是交白卷的家伙。"

再过5分钟，又有七八个人交卷，同样是笑容满面，看来不像是交白卷的模样。这个聪明学生看看自己只答了二十几道题，连忙加快速度，埋头作答。

待他答到第76题时，赫然发现题目写着"本次考卷不需作答，只要签上姓名交卷便得满分，多答一题多扣一分。"

他满脸狐疑地举手欲向监考老师发问，只见同时有数名考生迷惑地四处张望。

看着试卷第一行的说明："请先看完所有题目之后，再开始作答。"他不禁痛恨起自己答题的快速。

启示

在我们的人生历程中，不难看到类似的情形，自视过高，不听意见，这是一般人常犯的错误。尤其在学习成长的路上，归零的心态是我们必须首先拥有的。只有将自己心中那杯已长满青苔的死水倒掉，方能承接学习过程中新注入的清甘泉。而且要不止一次地将杯子倒空，因为你每次学习所吸收的新东西，很快地又会将你心中的杯子装满。所以你必须拥有属于自己的智慧贮水库，时时不忘将杯内的水倒入水库中，使杯子永保中空，随时可承接新的事物。

真人之息以踵，众人之息以喉

真人之息以踵①，众人之息以喉。屈服者，其嗌②言若哇。其耆③欲深者，其天机④浅。

——《大宗师》

注释：①踵：脚跟。②嗌（ài）：咽喉闭塞。③耆：嗜好，后作"嗜"。④天机：先天的禀赋。

译文："真人"呼吸用的是脚跟，普通人呼吸用的则是喉咙。被人屈服时，咽在喉前的言语难以说出。嗜好和欲望过深的人，他们的天赋就很浅。

浅析

庄子说，"真人"是靠着接触地面上的脚跟来呼吸的，而普通人则是靠喉咙来呼吸的。因为"真人"已经与气同化了，所以只要能感受到"道"，他就能够呼吸，这是超越了自我的存在。而一般的人，远离了大"道"，只是凭着身体的本能让自己的生命得到保存。那为什么"真人"能超越自我呢？那是因为他们能将嗜好和欲望抛开，以无比的智慧展现生命，而一般人，他们的智慧却被欲望所蒙蔽。

故事链接

法国人从莫斯科撤走后，一位农夫和一位商人在街上寻找财物。他们发现了一大堆未被烧焦的羊毛，两个人就各分了一半捆在自己的背上。

归途中，他们又发现

了一些布匹，农夫将身上沉重的羊毛扔掉，选些自己扛得动的较好的布匹；贪婪的商人将农夫所丢下的羊毛和剩余的布匹统统捡起来，重负让他气喘吁吁、行动缓慢。走了不远，他们又发现了一些银质的餐具，农夫将布匹扔掉，捡了些较好的银器背上，商人却因沉重的羊毛和布匹压得他无法弯腰而作罢。

突降大雨，饥寒交迫的商人身上的羊毛和布匹被雨水淋湿了，他踉跄着摔倒在泥泞当中；而农夫却一身轻松地回家了，他变卖了银餐具，生活富足起来。

启示

贪婪是一种顽疾，人们极易成为它的奴隶，变得越来越贪婪。人的欲念无止境，当得到不少时，仍指望得到更多。一个贪求厚利、永不知足的人，等于是在愚弄自己。贪婪是一切罪恶之源。贪婪能令人忘却一切，甚至自己的人格。贪婪令人丧失理智，做出愚昧不堪的行为。因此，我们真正应当采取的态度是：远离贪婪，适可而止，知足者常乐。

无为名尸，无为谋府；无为事任，无为知主

无为名尸①，无为谋府②，无为事任③，无为知主。体④尽无穷，而游无朕⑤。

——《应帝王》

注释：①名：名誉。尸：主，指寄托的地方。②谋府：出谋划策之所。③任：负担。④体：体验，指潜心求道。⑤朕（zhèn）：迹。"无朕"即不留下踪迹。

译文：不要做名声的寄托，不要做谋策的场所，不要做事情的担负者，不要做智慧的主导。对真源的体验是永无休止的，遨游四方而

不留下任何的迹象。

浅析

庄子在《庚桑楚》中说："去就取与知能者，赛道也"。正是由于大道上充满各种各样的阻塞，我们才无法通往大道。去就取与知能，这简单的六个字包含了人生大道中的障碍——对得失的计较。这样便认为得失代表了原本就很短暂的人生中的一切。以至于王权忘记了万物的起源和归宿，忘记了本性，便无法看到人生大道。所以要体验人生大道，便要摆脱这些束缚。

故事链接

一对靠捡破烂为生的夫妻，每天一早出门，拖着一部破车到处捡拾破铜烂铁，等到太阳下山时才回家。他们回到家的时候，就在门口的院子里摆上一盆水，搬一张凳子把双脚浸在盆中，然后拉弦唱歌，唱到月正当空，浑身凉爽的时候他们才进房睡觉，日子过得非常逍遥自在。

他们对面住了一位很有钱的员外，他每天都坐在桌前打算盘，算算哪家的租金还没收，哪家还欠账，每天总是很烦。他见对面的夫妻每天快快乐乐地出门、晚上轻轻松松地唱歌，非常羡慕也非常奇怪，于是问他的伙计说："为什么我这么有钱却不快乐，而对面那对穷夫妻却会如此的快乐呢？"

伙计听了就问员外说："员外，想要他们忧愁吗？"

员外回答道:"我看他们不会忧愁的。"

伙计说:"只要你给我一贯钱,我把钱送到他家,保证他们明天不会拉弦唱歌。"

员外说:"给他钱他一定会更快乐,怎么说不会再唱歌了呢?"

伙计说:"你尽管给他钱就是了。"

员外果真把钱交给伙计,当伙计把钱送到穷人家时,这对夫妻拿到钱真的很烦恼,那天晚上竟然睡不着觉了。想要把钱放在家中,门又没法关严;要藏在墙壁里面,墙用手一扒就会开;要把它放在枕头下又怕丢掉;要……他们一整晚都为这贯钱操心,一会儿躺上床,一会儿又爬起来,整夜就这样反复折腾,无法成眠。

妻子看丈夫坐立不安,也被惹烦了,就说:"现在你已经有钱了,你又在烦恼什么呢?"

丈夫说:"有了这些钱,我们该怎样处理呢?把钱放在家中又怕丢了。现在我满脑子都是烦恼。"

隔天一早他把钱带出门,在整条街上绕来绕去不知道要做什么好,绕到太阳下山,月亮上来了,他又把钱带回家,垂头丧气地不知如何是好。想做小生意不甘愿,要做大生意钱又不够,他向妻子说:"这些钱说少,却也不少,说多又做不了大生意,真正是伤脑筋啊!"

那天晚上员外站在对面,果然听不到拉弦和唱歌了,因此就到对面去问他们怎么了?这对夫妻说:"员外啊!我看我把钱还给你好了。我宁可每天一大早出去捡破烂,也比有了这些钱轻松啊!"这时候员外突然恍然大悟,原来,有钱不知布施,也是一种负担。

启示

原来的混沌没有七窍,也就无法与外物沟通,所以五色就不能乱其目,五声不能乱其耳,五臭不能熏其鼻,五为不能浊其口,取舍不能迷乱其心思。但是开凿七窍之后，他就难免会受到束缚。

其实在时下这个喧嚣的社会，有太多的虚名虚利并不值得追逐，而往往有许多无聊的人参与到这样无休止的评奖和争论中去，发表一些自以为是的观点，可结果呢，也许一辈子也没有结果。更重要的是，这样做对你毫无意义，对你的人生也没有任何助益。

目无所见，耳无所闻，心无所知，女神将守形，形乃长生

目无所见，耳无所闻，心无所知，女①神将守形，形乃长生。

——《在宥》

注释： ①女（rǔ）：通"汝"，你。

译文： 眼睛看不见，耳朵听不到，内心一无所知，这样你的精神定能与形体合一，形体于是就可以长生。

浅析

这句话的意思是说在面对喜、怒、哀、乐，以及功名、利禄、死生这些世俗的欲念的时候，首先应做到心灵虚静澄明，这样才不会被这些欲念所束缚。人在"虚静"的状态下，能够达到物我相融、与道合一的境界。《庄子·大宗师》中说："其为物，无不将也，无不迎也，无不毁也，无不成也，其名为撄宁。""撄宁"就是指心神宁静，这样才能做到"目无所见，耳无所闻，心无所知"，才能够"同于大道"。

故事链接

古时候有一个国王，想考考他的大臣，他让人打造了三个一模一样的小金人让大臣分辨哪个

最有价值。最后，一位老臣用一根稻草试出了三个小金人的价值，他把稻草依次插入三个小金人的耳朵，稻草从第一个小金人的另一边耳朵里出来，从第二个小金人的嘴里出来，只有第三个小金人，稻草放进它的耳朵后，什么响动也没有，于是这个老臣便认定第三个小金人最有价值。因为只有第三个小金人是用心来感知的。

启示

要想无欲无求，就不要被眼睛所看到的、耳朵所听到的、心中所想的俗念所束缚。明朝的屠隆说："人能以明霞视美色，则业障自轻；人能以流水听弦歌，则性灵何害。"我们无需达到四大皆空的境界，但需要让心灵更加的空灵，这样就能够体验清风明月的美妙。以平淡的心情应对世俗，通过精神的享受来陶冶情操，这样就能在欲海中虚而远游。

除日无岁，无内无外

仲尼之尽虑，为之傅①之。容成氏曰："除日无岁，无内无外②。"

——《则阳》

注释：①傅：辅助。②外：周围的事物。

译文：仲尼将谋虑尽行弃绝，因此才对自然有一定的辅助。容成氏说："去掉了日就无法累积成年，没有内也不会有外。"

浅析

"除日无岁，无内无外"是整体与部分、相对与绝对之间的辩证关系。部分构成了整体，没有一天一天的积累，就不会形成岁月；没有内也就无所谓外。没有绝对，只有相对，也就是说，任何一个个体都是整体的一部分，没有个体与其他事物的相对立，就不会显示出个体与整体的绝对不同。所以要真正做到无内无外，归于大道，就不应该局限在部分与整体之中，而要做到不分彼此。庄子举了三个例子来证明了这一点。冉相氏体察了道的精髓因而能顺其自然地发展，虽然与时俱变，但其内心的凝寂虚空一点也没有改变。用心机去效法自然却得不到效法自然的结果，所以跟外物一道相追逐，对于修炼的事业没有任何的帮助。圣人心中的任何事物都是从"无"开始的，所以不曾有过天，不曾有过人，不曾有过开始，不曾有过外物，这样才能与"道"一起发展变化，才不会停止，才能做到真正的无内无外。商汤启用他的司御门尹登恒做他的师父，而他随从师父学习却从不拘泥于所学；能够在发展中变化，这样的无为而为使君臣、师徒都能各得其所、各安其分。仲尼最后弃绝了谋虑，因此才对自然有所辅助。这三个例子都说明了要以"无内无外"的态度来对待整体和部分，这样整体和部分才能融为一体。

🌹 故事链接

　　传说公元前 233 年冬天，马其顿亚历山大大帝进兵亚细亚。当他到达亚细亚的弗尼吉亚城时，听说城里有个著名的预言：几百年前，弗尼吉亚的戈迪亚斯王在其牛车上系了一个复杂的绳结，并宣告谁能解

开它，谁就会成为亚细亚王。自此以后，每年都有很多人来看戈迪亚斯打的结子。各国的武士和王子都来试解这个结，可总是连绳头都找不到，他们甚至不知从何处着手。

　　亚历山大对这个预言非常感兴趣，就命人带他去看这个神秘之结。幸好，这个结尚完好地保存在朱庇特神庙里。

亚历山大仔细观察着这个结，却始终没有找到绳头。

这时，他突然想到："为什么不用自己的方式来打开这个绳结？"

于是，他拔出剑来，一剑把绳结劈成两半，这个保留了数百载的难解之结，就这样轻易地被解开了。

🌹 启示

人为什么总是不能够清楚地认识自己呢？因为人不能完全独立于人群之外，所以在认知上或多或少会受到周围环境的影响，并在这些影响下不知不觉地改变着自己本性的选择。现在的媒体越来越发达，我们的生活也无时无刻不在被广告充斥着，广告有时会给我们带来一些有用的信息，但它在更大的程度上是在引领一种潮流，让人觉得如果不跟着潮流就像是与社会脱节一样。人，为什么会有这样的感觉呢？因为人都有一种从众的心理，所以不能够做到忽视他人的存在，不能避免外人的影响。要具备真正独立的人格，就应该做到无内无外，忘记了别人，也就不会勉强自己。

故卤莽其性者，欲恶之孽，为性萑苇蒹葭，
始萌以扶吾形，寻擢吾性，并溃漏发，
不择所出，漂疽疥痈，内热溲膏是也

故卤莽其性者，欲恶①之孽，为性萑②苇蒹葭，始萌以扶吾形，寻擢③吾性，并溃漏发，不择所出，漂疽疥痈④，内热溲膏是也。

——《则阳》

注释：①欲：喜好。恶：厌恶。②萑（huán）：古代指芦苇一类的植物。③擢（zhuó）：拔。④漂疽疥痈（yōng）：均指毒疮。

译文：因此对待本性比较鲁莽的人，他们的喜好和邪恶的祸根，正如萑苇、蒹葭遮蔽禾黍一样会对人的本性有所损害，起初时似乎还

可以扶助人的形体，但逐渐地就会被拔除本性，就像毒疮到处溃发，不对泄出的地方加以选择，毒疮流脓，心血太热而遗精就是这么回事。

浅析

　　庄子用种庄稼的故事说明了对喜好要谨小慎微的道理。长梧封人是一个非常有智慧的人，有一天他对子牢说："你处理政事要谨小慎微，不要粗心大意，治理百姓的时候要谨慎。从前我种庄稼，在耕种的时候粗疏马虎，所以在收获的时候就没有好的收成，这是对耕种时的粗疏马虎的报复。第二年我就改变了这种态度，把什么都做到最好，所以禾苗才会长得非常繁茂，收获的时候才会果实累累，不用为衣食发愁了。"种庄稼和修身养性是一样的道理，所以庄子听了后说："如今人们在修身养性方面很多时候和这位守护疆地的人犯了同样的错误，逃避自然，违背天性，泯灭真情，丧失自我，这都是粗疏鲁莽的结果。粗疏地对待本性和真情的人，他的喜好与邪恶的祸根，就像萑苇、蒹葭蔽遮禾黍那样危害他的本性，开始时似乎还可以用来扶助人的形体，逐渐地就会鸠占鹊巢了。"所以不重视自己本性和真情的人，他们在面对自己的喜好和邪恶时，就没有足够强的抵御能力。喜好和邪恶就像萑苇、蒹葭一样，刚开始的时候还可以依赖这些植物往上爬，但是当这种依赖被当作习惯的时候，其喜好就会在心中生根，本性就会完全丧失。这些原本依赖的植物就会成为身体的毒疮，伤害身体，并且再也无法摆脱。

故事链接

　　1997年12月，英国报纸刊登了一张英皇室查尔斯王子与一位街头游民合影的照片。这是一段戏剧性的相逢！原来，查尔斯王子在寒冷的冬天拜访伦敦穷人时，意外遇见了以前的校友。这位游民克鲁伯·哈鲁多说："殿下，我们曾经就读同一所学校。"王子反问，在什么时候？

他说，在山丘小屋的高等小学，两人还曾经互相取笑彼此的大耳朵。

王子的同学沦落街头，这是一段无奈的人生巧遇。曾经，克鲁伯·哈鲁多出身于金融世家，就读于贵族学校，后来成为作家。老天爷送给他两把金钥匙——"家世"与"学历"，让他可以很快进入成功者俱乐部。但是，在两度婚姻失败后，克鲁伯开始酗酒，最后由一名作家变成了街头游民。我们不禁要问，打败克鲁伯的是婚姻两度失败吗？不是，而是他的态度。从他放弃"正面"的态度那刻起，他就输掉了一生。

🌹 启示

人一旦对自己的行为放低要求时，恶念就会虎视眈眈了。所以发现自己有什么不良的习惯，那就一定要克制，然后改掉。人们都会在危机面前防微杜渐，而人世间本身就是一个巨大的危机，因为人们都很容易在人世间迷失自我。在危机面前要认清自我，坚守自我，对自己的行为要慎之又慎。庄子曾经说过："美在久成，恶成不及改。"有的时候人们很难发现自己的缺点，如果别人给自己提出了意见，就

要虚心接受，不要因为自己的固执而给恶习以可乘之机。

德行的培养在于一点一滴的积累，恶性一旦养成就会愈演愈烈。所以对待自己的本性一定要小心谨慎，不要让恶习有可乘之机。

吾生也有涯，而知也无涯。以有涯随无涯，殆已

吾生也有涯，而知①也无涯。以有涯随②无涯，殆③已；已而为知

者，殆而已矣！

——《养生主》

注释：①知：知识。②随：探求，探索。③殆（dài）：危险。

译文：我的生命是有限的，而世间的知识却是无限的。用有限的生命去探求无限的知识，就会使身心疲惫；明知会是这样的结果还要去探求，那就危险了！做善事不能贪图名声，做了所谓的坏事却不至于遭受刑罚。

浅析

过多地追求功名利禄，只会令人身心疲惫，而于有涯的生命却一点好处都没有。

学习，做事，为人亦是如此。不要去犯只有"聪明人"才会去犯的错误，不要去贪图只有"聪明人"才会贪图的小利。

故事链接

这个故事是父亲讲给儿子听的。

在讲这个故事之前，父亲问了儿子这样一个问题：钱是怎么来的？儿子的回答父亲总是不满意。父亲说，还是先听故事吧。

有一个小孩子，他有个坏毛病，那就是好吃懒做。孩子的父亲时时刻刻都指望他能改掉这个不良习惯。然而那个孩子一点也没有改正自己缺点的意思。父亲不得不随时随地提防自己的孩子，担心他会把家里的钱或值钱的东西偷到外面去换吃的，这位父亲觉得自己每天都活得很累很辛苦。不过说来也怪，孩子虽说好吃懒做，却从没偷过家里的钱，也没有听说过他在外面偷过左邻右舍的东西。他弄钱的办法完全是一种正当的手段。比如说你给他钱买酒，他会少买一点酒，然后把剩余的钱全买了吃的。无论是买油盐还是买酱醋，他总会用相同的办法省出钱来满足他那张不争气的嘴……

为了使孩子懒惰的习性不再滋长，父亲决定给孩子一些力所能及的事做。尽管如此，孩子依然我行我素，把父亲的话当作耳旁风。

有一回，父亲一气之下扔了一分钱给孩子，让他去买油。父亲心想，我看你会把钱掰成两半一半买油一半买吃的不成？孩子到了店里，售货员给他装满了油，把瓶子递给他，手却不缩回去。孩子知道售货员要的是钱，就装模作样地在自己浑身摸了一遍，然后苦着脸告诉售货员说钱掉了。售货员无奈，只好把瓶子里的油倒出来，把空瓶子还给孩子。

孩子嘴里咂着一粒糖，双手抱着那个油瓶子，兴致勃勃地回到家里。一进门，父亲劈头就问，油呢？孩子举了举瓶子。瓶子壁上附着的油正慢慢流回瓶底里，差不多有一小勺。父亲大怒，这点油怎么能吃？孩子说，一分钱只能买到这么多。

父亲就这样结束了他的故事，但他那期盼的目光始终在儿子身上流连。儿子想了想，说道："这个孩子身上有生意人最完美的素质，但也有生意人最致命的弱点"。父亲赞许地点了点头，然后自言自语地说道："其实钱就是这么来的，也是这么走的"。

🌹 启示

贪婪是一种顽疾，人们极易成为它的奴隶，变得越来越贪婪。人的欲念无止境，当得到不少时，仍指望得到更多。一个贪求厚利、永不知足的人，等于是在愚弄自己。贪婪是一切罪恶之源。贪婪能令人忘却一切，甚至自己的人格。贪婪令人丧失理智，做出愚昧不堪的行为。因此，我们真正应当采取的态度是：远离贪婪，适可而止，知足者常乐。

指穷于为薪，火传也，不知其尽也

指①穷②于为薪③，火传也，不知其尽也。

——《养生主》

注释：①指：通"脂"。②穷：穷尽。③薪：烛薪，浸过油脂用于照明的柴薪。

译文：烛薪虽然会被烧尽，但火种却会留传下来，永远也不会穷尽。

🌹 浅析

庄子以柴薪来比喻人的形体，以火比喻人的精神，当柴薪被点燃的时候，每一根木柴、柴薪没多久就会燃烧殆尽。虽然柴薪被烧完即将化为灰烬。但是，前柴烧尽，后柴又燃，火种仍然继续地燃烧，人的精神也可以像火种一样传续下去而没有穷尽的时候。

《寓言》篇说："万物，皆种也，以不同形相禅。"禅是替代，万物都是由种变化而来的，以不同的形态互相代替，就像前柴的火苗传至后柴，"始卒若环，莫得其伦"，每一次开始和结束就像圆一样，无法得知它的规则，只知道在这个宇宙中，这种演变的规律不断地进行着。

所以庄子借着"薪传"的比喻，来说明人的身体虽死，但精神可以继续存在，只不过变成另一种形状。

因为这个典故，后来我们习惯对于一个文化或技艺的传承延续，称为"薪火相传"，简称为"薪传"。

🌹 故事链接

火，象征着光明与神圣，也是人类文明演进的重要标志。在希腊神话的传说中，普罗米修斯怜悯人类生活在饥寒交迫的阴暗世界，从天上盗取了火种带到凡间，从此人类开始懂得用火，告别了茹毛饮血的野蛮生活，火将人类带进了文明的时代。

每四年一度的奥林匹克运动大
会，开场最重要的仪式，便是传递
与点燃圣火的仪式，圣火的起源便
是希腊神话中的传说，当普罗米修
斯将火种传播到人间，就再也收不
回去，天神只好规定，在燃起圣火
之前，必须先祭祀他。根据这个神话，古奥运会在开幕前必须举行隆
重的点火仪式，由祭司从圣坛上燃取奥林匹亚之火，所有运动员一齐
向火炬奔跑，最先到达的三名运动员将高举火炬跑遍希腊，传谕停止
一切战争，开始四年一度的奥运会。

后来奥林匹克运动大会受到越来越多的国家支持，圣火传递在每
个参与国家的领土，象征着不分种族、国家、文化、地域，圣火的点
燃仪式更象征着奥运精神的传承与延续。

在佛教文化中，则以"传灯"来表示薪火相传之意，记载佛教师
承次第传授的著作，便称为《传灯录》。灯代表佛法、光明，佛法代表
智能，所以智能之光明能破除愚昧之黑暗。因此，传灯便有薪火相传、
光明不断的含义。

🌸 启示

做人就要像水一样，不要在乎其外在的形式，因为只有本质和精
神才会永存。正如伟大的音乐家贝多芬所说："伯爵过去有，现在有，
将来还会有，而贝多芬却只有我一个。"伯爵的称号只是一个形式而
已，而生命的真谛却能够永垂不朽。记得谁是伯爵的人不多，然而记
得贝多芬的人却很多。不要去追求那些过眼云烟的名号，而要去追求
能够永恒的生命的真谛。

独有之人，是谓至贵

出入六合①，游乎九州，独往独来，是谓独有②。独有之人，是谓至贵。

——《在宥》

注释：①六合：天地四方，泛指天下。②独有：拥有万物，指不为外物所牵累。

译文：往来于天地四方，遨游于天下各地，独来独往，这样就不会为外物所累。不为外物所累的人，才是最为尊贵的人。

🌹 浅析

这句话告诉我们应如何放下物欲。"物而不物，故能物物"，只有放下物欲，才能更好地用物。"又况万物之所系，而一化之所待乎！"任何事物都是有寄托的，万物的寄托就是"道"。"一化之所待"，"化"掉了万物就能在大道中运行，可以领略到大道之美，这就是虚而待物，无待而逍遥。

🌹 故事链接

有个人无意中在一个古墓里发现了一些宝藏，在墓穴的门就要关闭的时候，这个人尽自己最大的努力带走了他所能拿的最多的宝藏。可是刚一出门就踩到了悬崖边上，他在慌忙之中抓住了一棵小树的树枝，而他的下面有一只饿虎正虎视眈眈地看着他。小树枝不能承受过重的重量，马上就要断了，于是他不得不往下扔宝藏，在他把所有的宝藏都扔下之后，他才能沿着小树枝往上爬。

小的时候，总觉得自己不懂事；年轻的时候，总觉得自己的远大理想难以实现；中年的时候，往往又觉得自己怀才不遇，老天不公；老年的时候呢，就哀叹：甚矣，吾衰矣，久不梦周公矣。人生就是不断地捡到宝藏，又不得不扔掉。所以很多人就认为宝藏是多余的，捡到了却不能得到，但是他们却忽略了宝藏可以用来观赏，如果耿耿于怀于得而复失的宝藏，那日子就没法过了。所以我们要懂得欣赏人生的平淡，因为平淡才是最珍贵的。

夫哀莫大于心死，而人死亦次之

夫哀莫大于心死①，而人死亦次之。日出东方而入于西极②，万物莫不比方③，有目有趾者，待是④而后成功，是出则存，是入则亡。

——《田子方》

注释：①心死：心灰意冷。②西极：西方的尽头，指太阳落下的地方。③比方：顺着太阳的方向。④是：指代太阳。

译文：最大的悲哀莫过于心灰意冷，就连人身体的死亡也比不过它。太阳东出西落，万物没有不跟着它而运动的。凡是有眼有脚的人，都是见到太阳之后才有所作为，日出而作，日落而息。

浅析

最悲哀的事情莫过于心已死寂，而形体的死亡还在其次。一阴一阳之谓道，一灵一肉之谓人，人也是一个太极，也是一个小宇宙，和外在大宇宙息息相关，同样复杂。肉体是阴、是基质，灵魂为阳、为主宰。人之所以为万物之灵长，天地之间最贵者，在此一心也。所谓"精诚所至，金石为开"、"二人同心，其利断金"，都是在赞美心灵的威力。人的伟大和渺小，也取决于此心，或思想深邃，智慧卓越，道德高尚，事业辉煌，如巍巍昆仑参天地！或饱食终日，无所用心，如行尸走肉一样活着，与草木同朽，无补于世，何伟大之有？

故事链接

齐桓公在陂泽中打猎，相国管仲给他驾车，桓公看见了鬼。他拉着管仲的手问："仲父看到了什么？"管仲说："我什么也没见。"桓公回宫，仍有余悸，失魂落魄，得了一场病，好几天不出门。齐国士人皇子告敖说："您是自我伤害，鬼怎么能伤害您呢？"原文是："公则自伤，鬼恶能伤公？夫忿滀之气，散而不反，则为不足；上而不下，则使人善怒；下而不上，则使人善忘；不上不下，中身当心，则为病。"桓公又问有鬼了吗？告敖说有鬼，"水有罔象，丘有峷，山有夔，野有彷徨，泽有委蛇。"桓公又问委蛇什么样，告敖说，委蛇大如车轮，长如猿猴，紫衣朱冠，听到雷车轰隆声就捧首而立，见了它的就能成为霸主。桓公一听，高兴起来，一下子来了劲头，正襟危坐，侃侃而谈。不但没病了，比以前还精神，因为他见到了沼泽之鬼委蛇，不仅死不了，还能成为霸主呢。可见，人的精神支柱倒了，一切都完了。

启示

古希腊智者学派的普罗泰哥拉说："人是万物的尺度，是存在的事物的存在的尺度，也是不存在的事物的不存在的尺度。"笛卡尔说："我思故我在。"思故在，不思则不在，人心死则人不在矣，如行尸走肉，虽生犹死。可见，无论是从思孟学派、禅宗，到陆王心学，还是从笛卡尔、费希特，到海德格尔，莫不以人心为主体、本体。人心是宇宙万物展示的窗口，人心是终极标准，万物依心而转。当人高兴时，山也笑，水也笑；当人悲哀时，山也愁，水也愁。所以古人说："小隐隐于山林，大隐隐于市朝。"陶渊明说："结庐在人境，而无车马喧，问君何能尔，心远地自偏。"

知足者不以利自累也

知足者不以利自累①也，审②自得者失之而不惧，行修于内者无位而不怍③。

——《让王》

注释：①累（lěi）：牵累。②审：明察。③怍（zuò）：羞愧。

译文：懂得知足的人不会因为贪图利益而使自身受到牵累，清楚自身得失的人不会因为失去而畏惧，注重内心修养的人不会因为没有官位而羞愧。

🌸 浅析

颜回是孔子比较得意的弟子，孔子问颜回，你家境贫寒居处卑微，为什么不外出做官呢？颜回回答说他无心做官，能自食其力，自得其乐就行了。所以孔子曾称赞颜回："贤哉回也！一箪食，一瓢饮，在陋巷。人不堪其忧，回也不改其乐。贤哉回也！"所以说知道满足才不会为物所累。

🌸 故事链接

一位美国老师曾给他的学生讲过一件令其终生难忘的事情。

"我曾是个多虑的人，"他说道，"但是，1934年的春天，我走过韦布城的西多提街道，有个景象扫除了我所有的多虑。事情的发生只有十几秒钟，但就在那一刹那，我对生命意义的了解，比在前10年中所学的还多。那两年，我在韦布城开了家杂货店，由于经营不善，不仅花掉所有的积蓄，还负债累累，估计得花 7 年的时间偿还。我刚在星期六结束营业，准备到商矿银行贷款，好到堪萨斯城找一份工作。我像一只斗败的公鸡，没有了信心和斗志。突然间，有个人从街的另一头过来。那人没有双腿，坐在一块安装着溜冰鞋滑轮的小木板上，两手各用木棍撑着向前行进。他横过道，微微提起小木板准备登上路边的人行道。就在那几秒钟，我们的视线相遇，只见他坦然一笑，很有精神地向我打招呼：'早安，先生，今天天气真好啊！'我望着他，突然体会到自己何等的富有。我有双足，可以行走，为什么却如此自怜？这个人缺了双腿仍能快乐自信，我这个四肢健全的人还有什么不能的？我挺了挺胸膛，本来准备到商矿银行，原计划只借 100 元，现在却决定借 200 元；本想说我到堪萨斯城想找份工作，现在却有信心地宣称：我到堪萨斯城去找一份工作。结果，我借了钱，找到了工作。"

"现在，我把下面一段话写在洗手间的镜面上，每天早上刮胡子的时候都念它一遍：我闷闷不乐，因为我少了一双鞋，直到我在街上，见到有人缺了两条腿。"

🌹 启示

一个经常患得患失、喜怒无常的人，是不会长寿的。要长寿就要做到"行修于内"，有了内在的修行，就不需要为控制自己的情绪而烦恼了，因为一切外在的情绪变化都化在了"无为"中。化为"无为"就是对任何重大的变故和日常生活中的一些复杂关系，都要保持稳定的心理状态和达观的处世态度，不计较、不执着，顺应事物的发展自在而为。这样才能外身于物，知足常乐。

正获之问于监市履狶也，每下愈况

正获①之问于监市履狶②也，每下愈况③。

——《知北游》

注释：①正获：司正、司获，两种官职名。②履狶（xī）：用脚踩猪的小腿，以辨别猪的肥瘦。③况：甚，明显。

译文：司正、司获向市场管事的人询问辨别猪肥瘦的方法，那就是踩踏猪的小腿部位，越是往下就越能探知其肥瘦的真实情况。

浅析

成语"每况愈下"就源于此，但其意思却已经有了很大的改变。"每况愈下"是指事情越来越糟。而"每下愈况"则是指越从低微的事物去推想，越能看出"道"的本质。东郭子请教庄子，"道"在哪里呢？庄子说无所不在。东郭子说，一定要说个地方才可以。庄子说，在蚂蚁身上；东郭子说，太卑微了吧？庄子说在杂草中；东郭子说，怎么越来越卑微了？庄子说，在瓦块中；东郭子说，为什么越说越过分呢？庄子说，在屎尿中。东郭子不敢再出声了。再往下指不定庄子会说出什么来。这时庄子正经地回答他，踩踏猪腿的部位越是往下就越能探知猪肥瘦的真实情况。"道"是无所不在的，越低微的地方越能显示出"道"。"道"可以在蝼蚁中，在杂草中，在瓦块中，在屎尿中，"道"可以无处不在，但却不是无所不是，"道"存在于万物，但"道"并不是万物，物总有消失的一天，但"道"永远不会消失。如果万物毁灭消失了，那么"道"完全不会受到影响。"道"是一个整体，在"道"里面没有贵贱之分。因为"道"的意旨是归于同一的。宇宙万物的变化是没有穷尽的，"道"就是这种无穷变化的根据，所以我们应该顺应变化无为而处。

故事链接

有个打鱼的人，他每天只打一尾鱼，那尾鱼刚好可以换他一天的食物、水和烟。然后他就躺在沙滩上晒太阳，望着蓝天白云抽烟，悠闲自在。这时来了一个商人，对他说："老兄，我觉得你应该打更多的鱼，然后把它们卖掉，等攒够一定数量的钱后就买一艘船，再开着船到处做买卖……""然后呢?"那人问商人。"然后就能赚很多很多的钱,就可以每天到海边晒太阳,听海……""可是我现在不正在晒太阳、听海吗?"那人回答说,"更重要的是等我做够了那些事,赚到了足够的钱,也许我已经没有时间来晒太阳听海了……"

🌹启示

　　人们刚刚出生的时候就像火柴盒里面的火柴一样。穷极一生只为那点燃自己的一瞬间所释放出来的光亮。但是有的火柴点燃了爆竹,将自己的生命转化为了烟火的绚丽。有的火柴点燃了篝火,将自己的生命转化为了雄壮的火焰,但是有的火柴仅仅在空气中一划而过,只留下一丝细小的青烟。

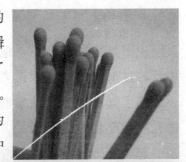

　　但是同为一个火柴盒里面的火柴,在被选定去做什么之前,是一样的,难道就因为它点燃了爆竹,点燃了篝火,意义就不一样了么?就算是化作青烟,它也有自己的美丽。关键是看你怎么去欣赏自己了。

人莫鉴于流水,而鉴于止水

　　仲尼曰:"人莫鉴①于流水而鉴于止水②,唯止,能止众止。"

——《德充符》

　　注释:①鉴:镜子,这里作动词用,意思是照。②止水:不流动的水。

　　译文:孔子说:"人不会到流动的水面去照自己,而是到静止的水面去照自己,因为只有静止的事物才能使事物静止下来。"

这句名言的主要意义在于王骀直接掌握了一个基本原理即是去实践，不随外在环境的变化而有任何波动。就像人把静止的水当作镜子一样，可以看清自己的容貌。王骀不随外物舞动的修养，就像是世人的镜子一样，以他为师，可以看清自己的举止是非。

🌸 故事链接

庄子是个寓言高手，他常把一些生活中的现实状况，在寓言故事中反转过来，以此加深读者的印象。例如本句名言的虚拟主角是鲁国一位断了脚的王骀，从事教书的工作，他门下有学生三千人，与当时的孔门盛况相较，可说是并驾齐驱。激活这个故事的反转手法就是庄子引起大家阅读兴趣的诀窍。

想想，一个断了脚的人如何与孔子相比呢？但是故事中的孔子居然告诉大家，他准备去拜王骀为师，而且希望天下人都能够成为王骀的弟子。这可引起很多人的注意了，于是常季请教孔子："王骀不过是用他自己的智能去体悟他的内在本心，用他的本心体悟出万物不变的常心，如何就能成为天下人的老师呢？"

孔子便回答说："人莫鉴于流水，而鉴于止水；唯止，能止众止。""止水"才可以作为镜子，而"心如止水"才可以照见万般事物。

🌸 启示

克里希那穆提说，你认识你的脸孔，因为你经常从镜子里看到它。现在有一面镜子，在其中你可以看到完整的自己，看到自己心里所有的事情，所有的感觉、动机、嗜好、冲动及恐惧。这面镜子就是关系的镜子：你与父母之间的镜子，你与老师之间的镜子，你与河流、树木、地球之间的镜子，你与自己思想之间的镜子。

取 舍

以瓦注者巧，以钩注者惮，以黄金注者殙

以瓦注者巧，以钩注者惮①，以黄金注者殙②。其巧一也，而有所矜③，则重外也。

——《达生》

注释：①惮（dàn）：畏惧，害怕。②殙（mèn）：精神混乱。③矜：矜持，拘谨。

译文：用瓦片当作赌注的人，技巧发挥自如；用金属的衣带钩当作赌注的人，内心存有疑惧；用黄金当作赌注的人则精神混乱、神志不清。赌博的技巧是一样的，但是因为赌注的不同才使自己产生了矜持之心，也就是过于看重外物。

浅析

用瓦器作为赌注的人，内心能够坦然面对，技巧发挥自如；用金属带钩作为赌注的人，内心存有疑惧，技巧就会有所保留；用黄金作为赌注的人，内心非常迷乱，根本发挥不了技巧。赌博的技巧本是一样的，只是过于看重身外之物罢了。"凡外重者内拙"，得失之心加重了精神负担，以致使人乱了方寸。若没有外物遮掩本心，那超常发挥也是不足为奇的。

故事链接

几个人在岸边垂钓，旁边几名游客在欣赏海景。只见一名垂钓者

竿子一扬，钓上了一条大鱼，足有一尺多长，落在岸上后，仍腾跳不止。可是钓者却用脚踩着大鱼，解下鱼嘴内的钓钩，顺手将鱼丢进海里。

围观的人发出一片惊呼，这么大的鱼还不能令他满意，可见垂钓者雄心之大。

就在众人屏息以待之际，钓者鱼竿又是一扬，这次钓上的还是一条一尺长的鱼，钓者仍是不看一眼，顺手扔进海里。

第三次，钓者的钓竿再次扬起，只见钓线末端钩着一条不过几寸长的小鱼。众人以为这条鱼也肯定会被放回，不料钓者却将鱼解下，小心地放回自己的鱼篓中。

众人百思不得其解，就问钓者为何舍大而取小。

钓者回答说："哦，因为我家里最大的盘子只不过有一尺长，太大的鱼钓回去，盘子也装不下。"

🌹 启示

在经济发达的今天，像钓鱼者这样舍大取小的人越来越少，反而是舍小取大的人越来越多。

俗话说，贪心图发财，短命多祸灾。心地善良、胸襟开阔等良好的品性，才是健康长寿之本。贪图小便宜，终究是要吃大亏的。无疑，今日全球的经济动荡让很多人寝食难安。追求安全感固然是我们的基本需要，但是正如作家海伦·凯勒所说，"安全感几乎是一种迷信，它在自然界并不存在。"拥有绝对安全感的人早就被进化淘汰了，因为他们不能感知危险，对危险也没有记忆和准备。

泽雉十步一啄，百步一饮，不蕲畜乎樊中

泽雉①十步一啄，百步一饮，不蕲②畜③乎樊④中。神虽王⑤，不善也。

——《养生主》

注释： ①雉：雉鸟，即野鸡。②蕲（qí）：祈求，希望。③畜：养。④樊：笼。⑤王（wàng）：通"旺"。

译文： 沼泽边的野鸡十步才会啄一次食，百步才会喝一口水，但它们不会祈求被畜养于笼中。虽然被畜养在笼子里精力会十分旺盛，但却并不自由。

浅析

野鸡来于自然，它们所适应的是自然的生活，或许它们在自然界只能求得温饱，或许会成为别人的猎物，但这正是它们原本的生活，是它们的快乐所在。把它们关在笼子里，它们就失去了自由。失去了自由，也就失去了本性，失去了快乐。要想拥有快乐就要顺应本性，虽然衣食无忧，然而心却禁锢了，那还有什么快乐可言？所以要追求幸福就要自由自在，顺应天性。

故事链接

一只麻雀从树上掉了下来，被关在笼子里救治。在这期间，一只大麻雀频频地出现在它的周围，几天后就飞走了。救治麻雀的人很高兴，因为再也没有听到小麻雀伤心的叫声了，他认为，小麻雀会慢慢忘记麻雀妈妈，并很快地适应

目前舒适的生活。没想到几天之后，小麻雀却死掉了。自然赋予的乐趣被剥夺之后，也就没有了生存的乐趣，死亡也就会更快来临。

启示

现在很多人都迷惑于什么是快乐，因为我们往往都是在追求物质，而很少反观我们自身。在物欲横流的今天，我们迷失了自己的本性，而生活在别人的眼中，于是我们对于自己本身也成了陌生人。正如当你在看风景的时候，别人也在看你这道风景。总之，要体会快乐，就要把自己的真性情融入风景，使每个人都成为风景。所以快乐就在于追寻本性，顺应天性，这将会成为无比自然和谐的幸福风景。

鱼相忘乎江湖，人相忘乎道术

鱼相造①乎水，人相造乎道。相造乎水者，穿池而养给②；相造乎道者，无事而生③定。故曰，鱼相忘乎江湖，人相忘乎道术。

——《大宗师》

注释： ①造：通往。②给：给养充足。③生（xìng）：通"性"，"生定"即性情安适。

译文： 鱼争相入水，人积极向道。争相入水的鱼，挖个池子便能给养充裕；积极向道的人，漠然无所作为而能性情安定。因此可以这样说，鱼相忘于江湖中，人相忘在道术里。

浅析

这段话告诉我们要如何化解对生死和仁义的执着，那就是"相忘"。庄子说："泉水干涸了，几条鱼被困在了陆地上，通过互相吐沫、润湿对方的方法来拯救对方，这又怎么能达到目的呢？远不如在江湖里相互忘记对方。"相濡以沫，不如相忘于江湖。每个人都有执着的地方，因为执着生活才会显得沉重，那还不如把一切执着都忘掉。鱼在水中自由自在，人在道中潇洒自如、相安无事。"与其誉尧而非桀也，不如两忘而化其道。"庄子说，在恭维尧舜的时候，没有必要把桀纣看得那么坏，把所有的事情都做得一清二楚，明明白白并不是一件非常好的事情。因为功过是非越清楚，执着的东西越多，烦恼的东西也就越多了，所以"不如两忘而化其道"。是非善恶本就没有一个绝对的标准，不如都化掉，那就可以"相忘于江湖"了。人所执着的东西未必都是正确的，但是仍然执着了下去，不能相忘于江湖，这就是人们之所以痛苦的原因了。不相忘于江湖就是把别人的烦恼当作是自己的，因为自己未曾放下过执着。要相忘于江湖，就要懂得放下自己，放下一切。

🌹 故事链接

安培还在童年时，就显出了很好的数学才能，12岁时便拜著名数学家拉格朗日为老师，13岁时就发表了数学论文。安培的可贵之处，在于他善于思索。有一次，他在街上边走边思考，突然想出了一个电学算式，急着想把式子列出来，正巧前面停着一辆马车，就把马车

的车箱当黑板了，马车走他也走，马车越走越快，直到追不上马车时，他才停下来，这时街上许多人都已经因为他的这种失常行为笑得前仰后合了。

🌹 启示

忘我是一种态度，对生活、学习和工作都应该用这样一种态度来

面对。它能够使人超然于物外，达到一种天人合一的境界。执着于物质利益的得失未尝不是积极进取的一种表现，但是它也很容易使人感到疲倦和懈怠；执着于精神上的追求也未尝不是修身养性的一种境界，但它也容易使人陷于偏执，失去内心的平衡。唯有忘我的境界，才能够使人在面对一切世间纷扰的时候不为其所动，心中也才不会产生波澜，从而使自己的人生更为洒脱和旷达。

小人则以身殉利，士则以身殉名，
大夫则以身殉家，圣人则以身殉天下

小人则以身殉①利，士则以身殉名，大夫则以身殉家②，圣人则以身殉天下。故此数子③者，事业④不同，名声异号，其于伤性以身为殉，一⑤也。

——《骈拇》

注释：①殉：为……牺牲。②家：家族。③数子：指前面所说的四种人。④事业：从事的工作。⑤一：相同。

译文：小人为求私利而牺牲，士人为求美名而牺牲，大夫为家族的利益而牺牲，圣人则为天下人而牺牲。以上这四种人，他们的事业不同，名声也各不相同，但他们在损害自身的本性、牺牲生命这方面却是一样的。

🌸 浅析

这句话的意思是说，普通人因为私利而不顾生命，知识分子为了名声而不顾一切，一些官员为了国家和家族的利益能够舍生成仁，而圣人为了天下的利益即使牺牲自己也在所不辞。这些牺牲的名目虽然不同，但却都是因为外在的东西而伤害了生命。

在影片《摩登时代》里，卓别林穿梭在机器中间，不停地拧螺丝，在他的眼前除了螺丝，别无他物，对当时的社会化大生产给予了无情的批判。著名管理学家泰罗根据人体的动作，将劳动进行了专业分工，加上机械化的流水线处理，这在很大程度上提高了生产效率，也使很多人成为了专业分工领域的专家，但是这种专业化和物化却被资本家们无限地放大，从而导致了对人性的戕害。卓别林扮演的小人物就是其中的典型，他已经失去了人的本质，而把拧螺丝当成了一种本能。

启示

在物欲横流的年代，很少有人能够真正地看重自己，他们往往都是重物轻己的。人似乎忘记了自己作为动物本能的生活，或者可以说是形成了另一种"动物"本能生活。

丧己于物，失性于俗者，谓之倒置之民

今寄去则不乐，由是观之，虽乐，未尝不荒①也。故曰，丧己于物②，失性于俗③者，谓之倒置④之民。

——《缮性》

注释： ①荒：空虚。②丧己于物：因外物而丧失本性。③失性于俗：因流俗而失去本性。④倒置：本末倒置。

译文： 如今寄托之物被取走便觉得不快乐，从中可以看出，虽然真正快乐过但也未尝不曾空虚。所以说，为追求外物而迷失自己，因受到流俗的影响而失却本性，就是所谓的本末倒置之人。

🌹 浅析

这句话让人想到了曹雪芹对贾迎春的判词：子系中山狼，得志便猖狂；金闺花柳质，一载赴黄梁。说的就是对中山狼这种倒置之民的讽刺。这种人就是庄子在《缮性》一文中所说的"轩冕肆志"、"丧己于物"的人。这些人都看重荣华富贵这些身外之物，而且还有着永远占有的欲望，因此他们才会变得更加的贪得无厌，导致其最终结果都是被杀。荣华富贵这些身外之物都是生不带来、死不带去的东西，所以没有必要为这些没有价值的东西而伤害宝贵的生命。"丧己于物"的人如何能保住性命？"轩冕肆志"如何能"知足常乐"？"失性于俗"的人就是"穷约趋俗"的人。"穷约趋俗"是指那些受不了穷困贫乏而趋附流俗的人。"得志"的人毕竟是少数，"不得志"的人才是大多数。因为穷困贫乏于是就趋炎附势，或者卖身为奴，或者落草为寇，甚至投敌叛国。这样的人也不会有好结果。不论是"丧己于物"的人，还是"失性于俗"的人，都是因为"志"而丧失了自己的人，都是"倒置之民"。所以我们既不能"丧己于物"，成为"轩冕肆志"的伪君子，也不能"失性于俗"，做"穷约趋俗"的真小人。

🌹 故事链接

一个小孩，大家都说他傻，因为如果有人同时给他5毛和1元的硬币，他总是选择5毛，而不要1元。有个人不相信，就拿出两个硬币，一个1元，一个5毛，叫那个小孩任选其中一个，结果那个小孩真的挑了5毛的硬币。那个人觉得非常奇怪，便问那个孩子："难道你不会分辨硬币的币值吗？"

孩子小声说："如果我选择了 1 元钱，下次你就不会跟我玩这种游戏了！"

🌹启示

的确，如果孩子选择了 1 元钱，就没有人愿意继续跟他玩下去了，而他得到的，也只有 1 元钱！但他拿 5 毛钱，把自己装成傻子，傻子当得越久，他就拿得越多，最终他得到的，将是 1 元钱的若干倍！

因此，在现实生活中，我们不妨向那"傻小孩"看齐——不要 1 元钱，而取 5 毛钱！

而更多的人在社会上，却常有一种不拿白不拿、不吃白不吃的贪婪！殊不知你的贪不仅损害了他人的利益，还会使他人对你的贪反感。或许他人可以容忍你的行为，不在乎你的贪，但如果你懂得适可而止，他会对你有更好的印象与评价，因此愿意延续和你的关系。

可叹的是，现代社会充斥着下列现象：人际关系一次用完，做生意一次赚足！以为自己这样做是聪明，殊不知这都是在断自己的路！我不希望人们有这种聪明，而希望他们能一直拥有那个小孩一样的"傻"，因为这会让他们得到更多回报。

10 个 5 毛钱多，还是一个 1 块钱多？你自己算算吧！

欲望的永不满足不停地诱惑着人们追求物欲的最高享受，然而过度地追逐利益往往会使人迷失生活的方向，因此，凡事适可而止，才能把握好自己的人生方向。

至人之用心若镜，不将不迎，
应而不藏，故能胜物而不伤

至人之用心若镜，不将①不迎，应而不藏，故能胜物②而不伤。

——《应帝王》

注释：①将：送。②胜物：指足以反映事物。

译文：修养高尚的人用心就如镜子一样，对去者不送，来者也不迎，对现在做的事物从未有所隐藏，所以能够成功且不受损。

浅析

"身是菩提树，心如明镜台，时时勤拂拭，何处惹尘埃。"这就是"至人之用心若镜"的感觉。用心若镜，世间万物的真相就会都如实地反映在镜子里面，并且"物来则应，过去不留"，一点都不会影响到心里面的感觉，这也就是"明镜亦非台"的道理。镜子中的景象是既来之，则安之，时也，命也，运也，既不执着于到来，也不执着于消失。因为道家都是以整体的眼光来看待万物的。今天的不顺只是对今天而言，在整体看来，不顺也只是顺应自然的一种，所以不能因为今天的不顺而影响了整体的顺应。所以不拒绝坏的，也不要欢迎好的，好与坏只是整体过程中的调节。面对好与坏的态度是"不将不逆"，不欢迎也不拒绝，即听其自然，这就是"应而不藏"的道理。"物来而应，过去不留"，让事物的消失不带走一片云彩。心中不藏，面对一切恩怨是非，要做到去而不留，要保持心境的平和，这样才能"胜物而不伤"。

故事链接

在南北朝的时候，佛教禅宗传到了第五祖弘忍大师，弘忍大师当时在湖北的黄梅开坛讲学，手下有弟子五百余人，其中翘楚者当属大弟子神秀大师。神秀也是大家公认的禅宗衣钵的继承人。弘忍渐渐地老去，于是他要在弟子中寻找一个继承人，所以他就对徒弟们说，大家都作一首偈子（有禅意的诗），谁作得好就传衣钵给谁。这时神秀很想继承衣钵，但又怕因为出于继承衣钵的目的而去作这个偈子，违反了佛家的无为而作意境。所以他就在半夜起来，在院墙上写了一首偈子"身是菩提树，心为明镜台。时时勤拂拭，勿使惹尘埃。"这首偈子的意思是，要时时刻刻地去照顾自己的心灵和心境，通过不断地修行来抗拒外面的诱惑和种种邪魔。是一种入世的心态，强调修行的作用。而这种理解与禅宗大乘教派的顿悟是不太吻合的，所以当第二天早上大家看到这个偈子的时候，都说好，而且都猜到是神秀作的而很佩服的时候，弘忍看到了以后没有做任何的评价。因为他知道神秀还没有顿悟。而这时，当庙里的和尚们都在谈论这首偈子的时候，被厨房

里的一个火头僧——慧能禅师听到了。慧能当时就叫别人带他去看这个偈子，这里需要说明的一点是，慧能是个文盲，他不识字。他听别人说了这个偈子，当时就说这个人还没有领悟到真谛啊。于是他自己又作了一个偈子，央求别人写在了神秀的偈子的旁边，"菩提本无树，明镜亦非台。本来无一物，何处惹尘埃。"这首偈子可以看出慧能是个有大智慧的人（后世有人说他是十世比丘转世），他这个偈子很契合禅宗的顿悟的理念。是一种出世的态度，主要意思是，世上本来就是空的，看世间万物无不是一个空字，心本来就是空的话，就无所谓抗拒外面的诱惑，任何事物从心而过，不留痕迹。这是禅宗的一种很高的境界，领略到这层境界的人，就是所谓的开悟了。

弘忍看到这个偈子以后，就问身边的人是谁写的，边上的人说是

慧能写的，于是他叫来了慧能，当着他和其他僧人的面说：写得乱七八糟，胡言乱语，并亲自擦掉了这个偈子。然后在慧能的头上打了三下就走了。这时只有慧能理解了五祖的意思，于是他在晚上三更的时候去了弘忍的禅房，在那里弘忍向他讲解了《金刚经》这部佛教最重要的经典之一，并传了衣钵给他。然后为了防止神秀的人伤害慧能，让慧能连夜逃走。于是慧能连夜远走南方，隐居10年之后在莆田少林寺创立了禅宗的南宗。而神秀在第二天知道了这件事以后，曾派

人去追慧能，但没有追到。后来神秀成为梁朝的护国法师，创立了禅宗的北宗。

🌹启示

很多时候我们对用过的东西都有一种舍不得的心理，即使这件东西没有用了，也都会将其留下来，久而久之，废物就越来越多，剩余的空间也就越来越少了。生活中的很多事情也是这样的，放不下的东西越来越多，心灵的空间也就越来越小了。这个时候我们应该学会用心若镜，这样心灵才会逐渐地宽裕与自由。心灵宽裕与自由才能真正认清自己、尊重自己，才能"胜物而不伤"，从而做到我还是我。

物而不物，故能物物

有大物者，不可以物①；物而不物，故能物物②。

——《在宥》

注释：①物：为物所用。②物物：支配万物。

译文：拥有大量物品的人，不要因受到外物的影响而有骄矜之情，支配外物而不被外物所支配，然后才能够支配万物。

浅析

这句话告诉我们要如何面对物欲。在物欲面前一定要以自己最真诚的想法和目的为出发点，不仅要反对将人等同于物，更要反对"丧己于物"——"丧己于物，失性于俗，谓之倒置之民。"（《庄子·缮性》）。在物的面前丧失了自己，丧失了性情，那就不能称之为真实的人了。因为"性"作为人的内在规定，如果在物欲中迷失了的话，人就会成为行尸走肉，成为物的奴隶。在物的面前一定要显示出人的高姿态，表现出对物的主导性。"物物而不物于物"，就决定了人对物的支配权。但是在文明的进程中，人慢慢地等同于物或者是被物化了，因为外在的束缚使人们把追逐物欲当作是一种成功。人的真性情和存在的价值完全被漠视了。要改变这种情形一定先要找回对物的主导权，这就需要忘我、忘物，这样人就不会成为得到物的工具，也才能做到"物而不物"，并能够"胜物而不伤物"。因此面对物欲一定要做到"不以物害己"、"不以物易己"，从而真正地把握主动权。

故事链接

一位哲学家带着一群学生去漫游世界，10年间，他们游历了所有的国家，拜访了所有有学问的人，现在他们回来了，个个满腹经纶。

在进城之前，哲学家在郊外的一片草地上坐了下来，说："10 年游历，你们都已是饱学之士，现在学业就要结束了，我们上最后一课吧！"

弟子们围着哲学家坐了下来。哲学家问："现在我们坐在什么地方？"弟子们答："现在我们坐在旷野里。"哲学家又问："旷野里长着什么？"弟子们说："杂草。"

哲学家说："对，旷野里长满杂草。现在我想知道的是如何除掉这些杂草。"弟子们非常惊愕，他们都没有想到，一直在探讨人生奥妙的哲学家，最后一课问的竟是这么简单的一个问题。

一个弟子首先开口，说："老师，只要有铲子就够了。"哲学家点点头。另一个弟子接着说："用火烧也是很好的一种办法。"哲学家微笑了一下，示意下一位。第三个弟子说："撒上石灰就会除掉所有的杂草。"接着讲的是第四个弟子，他说："斩草除根，只要把根挖出来就行了。"

等弟子们都讲完了，哲学家站了起来，说，"课就上到这里了，你们回去后，按照各自的方法去除掉杂草。一年后，再来相聚。"

一年后，他们都来了，不过原来相聚的地方已不再是杂草丛生，它变成了一片长满谷子的庄稼地。弟子们围着谷地坐下，等待哲学家的到来，可是哲学家始终没有来。

若干年后，哲学家去世了。弟子们在整理他的言论时，私自在最后补了一章：要想除掉旷野里的杂草，方法只有一种，那就是在上面种上庄稼。同样，要想让灵魂无纷扰，惟一的方法就是用美德去占据它。

人是有理性的动物，但是当人们面对外物——诸如金钱、权力、美色、美食的吸引时，往往会失去自己的理智，而变得贪婪无度，并深陷其中，成为金钱和权力的奴隶、美色和美食的俘虏。真正有思想、有意志的人，应该坚守自己的品德，主宰自己的命运，绝不能被外物所役使。

彻志之勃，解心之谬，去德之累，达道之塞

彻志之勃①，解心之谬②，去德之累，达道之塞。

——《庚桑楚》

注释：①勃（bèi）：通"悖"，悖乱，违背事理。②谬（miù）：不合情理的。

译文：彻底废除意志的悖乱，解决心灵的荒谬，去掉道德的牵累，通畅大道的阻塞。

🌹 浅析

"道"与宇宙泰山同在，所以自然的人性是非常纯真的，没有任何的杂质。但是人性被扭曲之后就变得非常复杂，要想回归到以往的大道上，就要摆脱这些束缚。庄子认为世俗所规定的高贵、富有、尊显、威严、名声、利禄这六种显赫的标准是扰乱意志的根源。容貌、举止、美色、辞理、气调、情意这六种形态被过分注重就会束缚心灵。憎恶、欲念、欣喜、愤怒、悲哀、欢乐这六种情绪则会影响道德价值标准的判断。离去、靠拢、贪取、施与、智虑、技能这六种手段会使人性转变为物性，从而与大道背道而驰。要做到避免这四个方面的六种情况，其实就是要做到忘物和忘己。忘物就是不要去看重"高贵、富有、尊

显、威严、名声、利禄"所带来的外在利益，因此就不会有"离去、靠拢、贪取、施与、智虑、技能"这些手段。忘己就是要忘记"容貌、举止、美色、辞理、气调、情意"这些生命的外在形式，这样就不会有"憎恶、欲念、欣喜、愤怒、悲哀、欢乐"这些外来的情绪。做到了忘物和忘己，内心就会平正，内心平正就会宁静，宁静就会明澈，明澈就会虚空，虚空就能恬适顺应无所作为而又无所不为。忘物、忘己，就是忘天，这样就能达到物我合一的境界，从而回归大道。

🌹 故事链接

西施的美貌远近闻名，但她的身子却有些弱，有心口疼的毛病。每次病发她都皱着眉头，捂着心口，缓步前行，人们管这姿势叫"西施捧心"，可是生病的西施也是楚楚动人。不巧这事让东村的丑女东施知道了，她想："人人都说西施美，怎么就没注意我呢？还不是她会装样，谁不会呀？"于是她也学着西施的样子走路，但走起来十分难看，比她平时的样子还要丑很多，这下子东施成了大家的笑料。这就是著名的"东施效颦"的故事。

🌹 启示

人生的烦恼很大程度上都是自找的。追求财富，就会有财富的烦恼，穷人会因财富太少而苦闷，富人会因财富太多而担心。在意容貌，就会有美丑的烦恼，丑女会因为丑而羞于见人，美女则会因为美而忙于修饰。如果不能做到清心寡欲、看淡自己，烦恼就会不约而至。人生在世，无非就是要做到无忧无虑、潇洒而行。人一长大，烦恼也就跟着来了，于是很多人就开始怀念无忧无虑的童年生活。但是时间不会停留，所以要避开烦恼，就应该保持年少时的心态，因为年少时的无知正是心性的自由自在和无拘无束。

过而弗悔，当而不自得也

古之真人不逆①寡，不雄成②，不谟士③。若然者，过而弗悔，当④而不自得也。若然者，登高不慄⑤，入水不濡⑥，入火不热。是知之能登假⑦于道者也若此。

——《大宗师》

注释：①逆：针对，对付。②雄成：雄踞自己的成绩，即凭借自己取得的成绩而傲视他人、凌驾他人。③谟（mó）士：指用不正当的手段谋取士人的信赖。谟：图谋。士：通"事"。④当（dàng）：恰巧，正好。⑤慄：通"栗"。⑥濡（rú）：沾湿。⑦假（gé）：通"格"，至，达到。

译文：古代的"真人"，不以众欺寡，不自恃成功而轻视他人，也不图谋烦琐之事。这一类人，有过错不后悔，有功德不得意；这一类人，登高不惧，进水不湿，入火不热。这是只有智慧能通达大道境界的人才能做到的。

🌹 **浅析**

这句话的意思是说"真人"能以一颗平淡的心面对世间的功过、是非、得失、机遇等。真人之所以能够在大自然中直来直往，没有任何阻碍，是因为真人的心是无限自由的。

🌹 **故事链接**

一天，有个人凑巧看到树上有一只茧蠕动，好像有蛾要从里面破茧而出，于是他饶有兴趣地准备见识一下由蛹变蛾的过程。

但随着时间一点点过去，他变得不耐烦了，只见蛾在茧里奋力挣扎，将茧扭来扭去的，但却一直不能挣脱茧的束缚，似乎是再也不可能破茧而出了。最后，他的耐心用尽，就用一把小剪刀，把茧上的丝剪了一个小洞，让蛾摆脱束缚容易一些。果然，不一会儿，蛾就从茧里很容易地爬了出来，但是它身体非常臃肿，翅膀也异常萎缩，耷拉在两边伸展不起来。

他等着蛾飞起来，但那只蛾却只是跌跌撞撞地爬着，怎么也飞不起来，又过了一会儿，它就死了。

🌹 启示

很多人都在说，要善于把握机会。机会稍纵即逝，在错失机会之后难免会后悔不已，甚至自责。以整体的眼光来看，失去的机会，还会以另一种姿态来临，我们又何必因为一时的失意而耿耿于怀呢？

不自得而得彼者，是得人之得而不自得其得者也，适人之适而不自适其适者也

夫不自见而见彼，不自得而得彼者，是得人之得而不自得其得者也，适①人之适而不自适其适者也。夫适人之适而不自适其适，虽盗跖与伯夷，是同为淫僻②也。

——《骈拇》

注释：①适：达到。②淫僻：邪僻。

译文：看不清自己而只能看清别人，做不到安于自得而有求于别人的人，这就是从别人那里有所求而却不能安于己所应得之人，也就是对别人所达到的有所贪图而不能安于其自身所应达到的人。从对别人所达到的有所贪图而不能安于自己所应达到的这方面讲，不论是盗跖还是伯夷，都同样是邪僻的。

🌹 浅析

很多人都在羡慕别人所拥有的，而不懂得珍惜自己所拥有的，要求别人的也总比要求自己的要多。在这种情况下，便滋生了一种贪婪和妒忌的心理。庄子认为这种行为与盗跖没有什么区别。

🌹 故事链接

有两条不同的鱼分别被养在两个相同的鱼缸里。红色的鱼看见它对面的鱼缸里的水非常清澈，水草也非常优美，有条白色的鱼在里面欢快地游来游去。它觉得主人偏心了，对面的鱼缸明显要比自己的好，于是它每天都要练习飞跃，希望有一天自己能跳到对面的鱼缸里去。终于有一天，它奋力一跳，跳到了对面的鱼缸里，但结果却是，它被白色的鱼给吃掉了。

🌹 启示

现在非常流行职业排行榜，选出几个最受欢迎、最有前途的职业，这虽然让很多人看清了行业前景，但是这些排行榜在很大程度上误导了年轻人的择业观。

故天下皆知求其所不知，而莫知求其所已知者

故天下皆知求其所不知，而莫知求其所已知者；皆知非①其所不善，而莫知非其所已善者，是以大乱。

——《胠箧》

注释： ①非：非难，认为不好。

译文： 所以天下人都只懂得探求他所不知道的，却不懂得探求他已经知道的；都知道责难他觉得不好的，却不知道责难他赞同的，于是天下便大乱。

浅析

西谚有云："海洋比陆地更大，天空比海洋更大，但是人心比天空更大。"因为人是在不停地追求着，永远不会停下脚步，但是怎样追求才是有效率和有意义的呢？庄子在这里告诉我们：不要去追求我们所不知道的，而要探索已经知道的；不要去责问自以为不好的，而要去审视已经被赞同的。如果对不知道的事物妄加定义，对是非好坏随意评判，那么世界的本质将会被遮掩。

故事链接

皇宫里着了大火，乱作一团，连伙食供应都出现困难。这时，有个好心的乡下人进城卖南瓜，便挑了个特大的送了进去。可巧，这个瓜被皇上看见了，很高兴。为了报答乡下人，皇上赏了一匹壮马给他。

不久，这件事被财主知道了。他想："这穷棒子一个瓜便得了匹马。我要是送一匹马进去，那还说不定得到多大的赏赐呢！"

于是，他从马房里挑了匹最壮的马，连夜送给了皇上。皇上想了想，把马收下，然后微笑着对随从说："听着，为了报答这位好心的财

主，就把那位庄稼人送我的南瓜赠给他吧！"

启示

人们不要去强求不属于自己的东西，要学会顺其自然。违背规律去办事，就会步步艰难，而学会顺应规律，就会得心应手，一路坦途。人生箴言：只有把理想和现实有机结合起来，才有可能成为一个成功之人。有时候，一个简单的道理，却足以给人意味深长的人生启示。

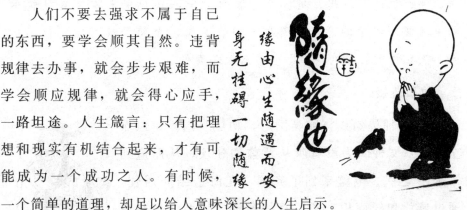

随缘也

缘由心生随遇而安
身无挂碍一切随缘

至贵，国爵并焉；至富，国财并焉；至愿，名誉并焉

夫孝悌仁义，忠信贞廉，此皆自勉以役其德者也，不足多也。故曰：至贵①，国爵并焉；至富，国财并焉；至愿，名誉并②焉。是以道不渝。

——《天运》

注释： ①至贵：最珍贵的。②并（bǐng）：通"摈"，摈弃。

译文： 说到孝悌仁义和忠信贞廉，这些都是用来对自身进行劝勉并受其役使的，不足以过多地提倡。因此说，珍贵的极致，是国家的爵位都可以不要；富有的极致，是国家的资财都可以舍弃；心愿中最大的，是名声和荣誉都可以不要。所以，才能够保持大道而不变。

浅析

要理解这句话首先就要明白在"道"的面前，任何世俗的标准都是没有任何实际意义的。庄子认为"大道不称，大辩不言，大仁不仁，大廉不嗛，大勇不忮"。世俗的标准在大道中都是"无"的。世俗的孝、悌、仁、义、忠、信、贞、廉的标准，只是用来拘束真性情的，并没有任何实际的意义。所以至贵、至富、至愿是没有固定标准的，是无法永恒的，只有"道"才是永恒不变的。

🌹故事链接

范蠡辅佐勾践打败吴国后，功成身退，得以保全性命：文种因为没有听从范蠡的建议，从而遭到了杀身之祸。范蠡来到了齐国，在海边结庐居住，通过垦荒和经商积累了巨富的家资。如果他想在齐国争一席之地，那也是能够做到的，因为齐王曾想请他出任宰相，但却被他谢绝了。不过此事使他有了"不祥"之感，于是他便离开了齐国。他带着门徒来到陶地，通过经商成为巨富，号称"陶朱公"，至八十八岁寿终。

🌹启示

在科技和经济快速发展的今天，生存的压力使人们不得不提高自己的占有能力，从而使人类为其外在的物所主宰。人类逐渐地在物质的诱惑以及无止境地向大自然掠夺的过程中迷失了自己。因此我们迫切需要"忘物"，从而使自己从无限膨胀的物欲中解脱出来，重新回归生命主体的价值。科学技术不应该只是满足人们欲望的工具，而应该是人们提高自己，使自己更加自由的阶梯。正如爱因斯坦所说："如果你们想使你们一生的工作有益于人类，那么，你们只懂得应用科学本身是不够的。关心人的本身，应当始终成为一切技术上奋斗的主要目标。"

相濡以沫，不如相忘于江湖

泉涸①，鱼相与处于陆，相呴②以湿，相濡③以沫，不如相忘于江湖。

——《大宗师》

注释：①涸（hé）：水干。②呴（xū）：张口出气。③濡（rú）：沾湿。

译文：泉水干枯了，好多鱼儿一起被困在了陆地上，它们互相大口吐气以获得湿气，相互以唾沫润湿，但终不如在江湖里生活时的互相忘掉。

🌹 浅析

这句话透露出一种看淡一切的洒脱，相濡以沫是表面的形式给生命带来的桎梏，是不值得推崇的。真正值得推崇的是不拘泥于表面形式的束缚；是直接投入江湖的那种洒脱和自由。这句话也显示出了目空一切的骄傲。生死正如昼夜更替，我们不会好昼而恶夜，因此我们也没有必要乐生而悲死，所以也不必相濡以沫。

🌹 故事链接

有这样一个故事，男孩在初中时人缘很好，在班级里面有很多朋友。因为大家无论做什么，都喜欢带上他，所以男孩很喜欢这个班级，这个"家"。

随着时间的推移，男孩渐渐地长大了。但是他发现，那个他曾经引以为"乐园"的班级没有了，男孩

因为有很多喜欢他的初中同学，所以在之后的日子里面，也依然只是和他们一起玩耍，在自己的新班级里面，男孩却没有让自己很受欢迎。渐渐地，初中时候的玩伴有了自己的圈子，来往也少了。被冷落了的男孩感觉空荡荡的，他不喜欢和新同学说话，不喜欢参加集体活动。只是一个人在一边想着自己曾经的美好生活。直至有一天，他的一位好哥们打电话给他，寒暄过后，说了一句让男孩豁然开朗的话："要记得，我们是朋友，无论怎样，我们都是最好的朋友，但你要过好自己的生活，别让我担心着你，将来见。……"

这句话，男孩现在也会对别人说。

🌹 启示

"相濡以沫"并非只用来形容爱情，那些被人们珍藏在心底的友情，亦是如此。朋友是一生的相视一笑，而不是一时的手拉着手。经营好自己的生活，将那些珍贵的财富化作天山上的冰雪，珍藏在心底永不开化的地方。要的，只是默默的祝福和静静的守护。

天地一指也，万物一马也

以指①喻指之非指，不若以非指喻指之非指也；以马②喻马之非马，不若以非马喻马之非马也。天地一指也，万物一马也。

——《齐物论》

注释：①指：指组成事物的要素。②马：与上文的"指"相同，指论辩的主要论题。

译文：用所指的东西来说明具体所指的不是所要指的，不如用未指的东西来说明所要指的并不是一般的指；以白马来说明白马非马，不如以不是马来说明白马非马。整个自然界不论多么复杂但总有些地方是一样的，具体事物不论有多少种，也有些内容还是相同的。

"天地一指也"说的是齐物的观点。因为"物无非彼，物无非是"，从外在看来，任何事情都是相同的。因为从"道"的眼光看，万物是齐一的。"道"由心生，佛教中说"心生则种种法生，心灭则种种法灭"、"三界唯心，万法唯识"，从唯心主义的观点来看，只要心中存有"道"，就"物无非彼，物无非是"。万物齐一的思想就能够使人忘物。"万物一马也"是齐物论的观点。"自彼则不见，自知则知之"，任何事物都有一个"名"，而"名"需要"知"的认同，但这个认同的前提是"自知则知之"，即要通过人的感觉来认识。康德说过，人是大自然的立法者。人通过对自然规律的感知和总结给事物一个"名"，这个认知是对的，但这个名还可以是别的，因为"名"只是为了区别而已。所以在认知是正确的基础上，"名"的作用是微乎其微的，它并不能影响人们对事物的认知。

故事链接

20 年前，一个年轻人离开故乡，开始创造自己的前途。他动身的第一站，是去拜访本族的族长，请求指点。老族长正在练字，他听说本族有位后辈开始踏上人生的旅途，

就写了 3 个字：不要怕。然后抬起头来，望着年轻人说："孩子，人生的秘诀只有 6 个字，今天先告诉你 3 个，供你受用半生。"

20 年后，这个从前的年轻人已是 40 多岁，人到中年，有了一些成就，也添了很多伤心事。归程漫漫，到了家乡，他又去拜访那位族长。他到了族长家里，才知道老人家年前已经去世，家人取出一个密封的信封对他说："这是族长生前留给你的，他说有一天你会再来。"还乡的

游子这才想起来，20 年前他在这里只听到人生的一半秘诀。拆开信封，里面赫然又是 3 个大字：不要悔。

🌹启示

在生活中，很多人都执着在是先有鸡还是先有蛋的辩论上，如果明白了万物齐一的观点，这个辩论也就没有必要了。我们可以把这一辩论理解为"因"和"缘"的关系。任何事物的存在都有它的"因"，也有它必须承担的"缘"。有因就有果，有缘起就有缘灭。所以面对是是非非时要做到"不入是，不入非，寂而常照，照而常寂"。对我们不知道的事情，既谈不上是，也谈不上非，也谈不上照与不照。我们是"活在当下"，这样就不会陷入是非的纷争之中，从而能活得轻松自如。

知止乎其所不能知，至矣

学者，学其所不能学也；行者，行其所不能行也；辩者①，辩其所不能辩也。知止乎其所不能知，至矣。

——《庚桑楚》

注释： ①辩者：与人辩论。

译文： 学习，就是要学不能学的东西；实行，就是要行他所不能行的；与人辩论，是辩他所不能辩的。知的探索停止在他所不知的地方，这就是到达了极点。

🌹浅析

这句话的意思是说，做任何事情都会有一个范围的限定，因为人的认识不能覆盖无边无际的宇宙，所以学习、行走、辩论都应该止于自己所了解的范围之内。庄子曾经说过："吾生也有涯，而知也无涯。"人的生命和能力是有限的，所以对于"知"的追求应该限定在自己的能力范围之内，而不要"以有涯应无涯"，否则就会"怠也"。

故事链接

蛤蟆对东海的大鳖说："我非常快乐！可以在井栏杆上跳跃，累了就在破砖边上休息；也可以在水里、泥里任意玩耍。没有谁能像我这般逍遥自在，况且我独自一人就占据了一池井水，真是快乐到极点了。先生，你何不常进来观赏观赏  呢！"东海鳖也对蛤蟆说出了东海的快乐，蛤蟆听了非常茫然，东海已超出了它理解能力的范围，又何必去追求呢？

启示

在做任何事情之前都应该对这件事的可行性和可实现性做一番考察，如果现有的条件不能实现目标，则应该马上放弃；如果对超出能力范围的事物孜孜以求，那就是在做无用功。我们对自己的能力一定要有一个全面的了解，既不能定一个太低的目标，这样就不能实现自己的价值；也不能定一个太高的目标，目标太高不仅不能实现，而且还会给自己带来打击。

循于道之谓备，不以物挫志之谓完

无为为之①之谓天，无为言之②之谓德，爱人利物③之谓仁，不同同之④之谓大，行不崖异之谓宽⑤，有万不同⑥之谓富。故执⑦德之谓纪⑧，德成之谓立⑨，循于道之谓备，不以物挫志之谓完。

——《天地》

注释：①无为为之：用无为的态度去做事。②无为言之：不言而言。③爱人：给人们带来慈爱。利物：给万物带来利益。④不同同之：使各个不同的万物回归统一。⑤崖：伟岸。异：奇异。宽：宽容。⑥有万不同：指心里包容着万种差异。⑦执：保持，持守。⑧德：人的自然禀赋。纪：纲纪。⑨立：指建功济物。

译文：用无为的态度去做就叫作自然，用静默无言的态度去说就叫作德，给人们施以爱和利就叫作仁，能使各个不同事物回归统一就是伟大，行为不异于众人就是宽容，心里包容着千差万别的事物就叫作富有。因此持守德行就是纲纪，德行养成就是自立，遵循于道就可以达到完备，不受外物的扰乱就叫作完美。

浅析

这句话的意思是说要实现完备，就要"无为"，那怎样才能达到"无为"呢？首先要安于这样一种"无"的状态。因为"无为"并不是"无所作为"，所以要安于"无"之后，再去"为"。只有"无为"了，才能真正地明白什么是德，什么是爱，什么是仁，什么是大，什么是宽，什么是富，什么是纪，什么是立，只有把这些都弄明白了，才能知道什么是完备。因为"无为"是与道同在，与道同体的。"是故至人无为，大圣不作。"如果圣人什么都搞懂了，无所不知，无所不晓，那反而就不是圣人了，因为"有"永远是相对的，只有"无"才是绝对的。正因为如此，才会说"至人无为"，"大圣不作"。而我们常常避免不了"有所为"，那为什么会"有所为"？因为动机和目的驱使着我们在社会中有种种作为。所以要对动机和目的有所忘，要安于"无"，这样才能明白生死，明白我们这个有限生命只是大道中的一小点，这样就没有了狂妄和自以为是。安于"无"之后，要实现"全"，还是要有所为的，要"作为"，就要顺应自然而为，不"妄作为"。"是故至人无为，大圣不作"，不是不为不作，而是不妄为，不妄作。这样就能"体道"，就能成就"德"了。成"德"就能建功济物，使修养完备，从而使身心不受到外物的损伤。

这是一个早上，妈妈正在厨房清洗早餐的碗碟。一个 4 岁的孩子，自得其乐地在沙发上玩耍。

不久之后，妈妈听到孩子的啼哭声。究竟发生了什么事呢？妈妈还没有将手抹干，就冲到客厅看孩子。

原来，孩子的手插进了放在茶几上的花樽里。花樽是上窄下阔的一款，所以，他的手伸了进去，但抽不出来。母亲用了不同的办法，想把卡着的手拿出来，但都不得要领。

妈妈开始焦急，她稍微用力一点，小孩子就痛得叫苦连天。在无计可施的情况下，妈妈想了一个下策，就是把花樽打碎。可是她稍有犹豫，因为这个花樽不是普通的花樽，而是一件价值连城的古董。不过，为了儿子的手能够拔出夹，这是唯一的办法。结果，她忍痛将花樽打破了。

虽然损失不菲，但儿子平平安安，妈妈也就不太计较了。她叫儿子将手伸给她看看有没有损伤。虽然孩子完全没有任何皮外伤，但他的拳头仍是紧握住似的无法张开。是不是抽筋呢？

妈妈再次惊慌失措。

原来，小孩子的手不是抽筋。他的拳头张不开，是因为他紧握着一枚硬币。他是为了拾这一枚硬币，所以令手卡在花樽的口内。小孩子的手抽不出来，其实，不是因为花樽口太窄，而是因为他不肯放手。

🌹**启示**

大家都有这样的经历：在手中抓一把沙子，手抓得越紧，沙子反而漏得越多，当把手放松下来的时候，沙子反而不往下漏了。这就是说抓得越紧，失去的就越多，有些东西只有在无为的时候才能获得。比如快乐，当你把快乐抓得很紧的时候，快乐就会从你的身边溜走，因为快乐只有在无心的时候才能感受得最真切；生活中还有很多类似这样的情况，这个时候，要懂得松手，懂得无为，这样你才能收获更多。

为其服者，未必知其道也

君子有其道者，未必为其服①也；为其服者，未必知其道也。

——《田子方》

注释：①为其服：穿戴符合身份的服饰，此指穿儒服。

译文：君子怀有那种学识能力的，未必要穿儒士的服饰；穿了儒士服的人，却未必就具有那种学识和能力。

🌹 浅析

这句话表面上说的是内容与形式的问题。常言道，人不可貌相，以貌取人最容易犯形式主义错误。君子身怀那种学问和本事的，不一定要穿儒服；穿上儒服的人，不一定会具有那种学问和本事。但是究其根本原因是因为大众的盲从心理。大众为什么会盲从呢？有两个原因：环境的压迫和心志的诱惑。鲁国人尊崇儒术，这是环境；以儒士为荣，这是诱惑，所以才会产生大众的盲从心理。

🌹 故事链接

一只鲷鱼和一只蝶螺在海中，蝶螺有着坚硬无比的外壳，鲷鱼在一旁赞叹着说："蝶螺啊！你真是了不起呀！一身坚强的外壳，一定没人伤得了你。"

蝶螺也觉得鲷鱼所言甚是，正洋洋得意的时候，突然发现敌人来了，鲷鱼说：

"你有坚硬的外壳，我没有，我只能用眼睛看个清楚，确知危险从哪个方向来，然后，决定要怎么逃走。"说着，鲷鱼便"咻"地一声游走了。

此刻呢，蝾螺心里在想，我有这么一身坚固的防卫系统，没人伤得了我啦！我还怕什么呢？便静静地等着。

蝾螺等呀等的，等了好长一段时间，也睡了好一阵子了，心里想：危险应该已经过去了吧！也就乐着，想探出头透透气，冒出头来一看，它立刻扯破了喉咙大叫："救命呀！救命呀！"

此时，它正在水族箱里，外面是大街，而水族箱上贴着的是：蝾螺××元一斤。

🌹启示

人们都说舆论的力量是巨大的，防民之口，甚于防川，盲从一方面是环境造成的，但另一方面，却是由于心志的不坚定引起的。很多人都会在众多的选择和盲从中迷失自己，学什么都一窝蜂，根本不知道自己最应该学什么。那么怎样才能克服盲从呢？世俗的环境我们无法改变，所以我们要坚持做自己，在潮流中急流勇退，掌握自己的方向。

不知处阴以休影，处静以息迹，愚亦甚矣！

人有畏影恶迹而去之走者，举足愈数①而迹愈多，走愈疾而影不离身，自以为尚迟。疾走不休，绝力②而死。不知处阴以休③影，处静以息迹，愚亦甚矣！

——《渔父》

注释：①数（shuò）：屡次，频繁地。②绝力：力竭。③休：使……停止。

译文：有人畏惧自己的身影，讨厌自己的足迹，想躲开它们因而逃跑，但是越频繁地举步就会使足迹越多，跑得越来越快但影子却并不离开，于是他便觉得自己跑得还是慢。接着又急奔不止，最后终于因力尽而死。但他却不知道在阴暗处停留影子自然就会消失，静止下来足迹便不会产生，这是过于愚蠢了！

🌸 浅析

孔子说，他不容于诸国，不知道自己的过失。渔父说，人害怕自己的影子，又摆脱不了它，是因为他不懂得站在树阴下就没有影子了。把人与物还给自然，这样就没有累患了。渔父很清楚地为孔子解决了难题："谨修而身，谨守其真，还以物与人。"影子、脚印就像是功名利禄、喜怒哀乐之类的身外之物，要摆脱这些东西，最好的办法就是复道，通过自身修养，韬光养晦来摆脱外物的困扰。

🌸 故事链接

英语 narcissus，是水仙花的意思，水仙花的花语是自恋自爱。因为水仙花是古希腊神话中一个叫纳西索斯的美少年的化身。因为他的美貌，他经常孤芳自赏，每天都要欣赏自己在水中的影子。有一次他再也抑制不住对自己的爱慕，很想亲吻水中的自己，结果却淹死了，最后变成了一株水仙花。在现实生活中，又有多少人在忙碌地追求着各种各样的影子呢，当他们累了，想要停下来的时候，才发现自己再也无法摆脱影子了。

🌸 启示

一个人若没有了名利之心，则名利的影子就不会纠缠他。人最大的敌人是自己，只要思想上战胜了自己，就不会被这些影子纠缠了。

天下有道，圣人成焉；天下无道，圣人生焉

凤①兮凤兮，何如②德之衰也！来世不可待，往世不可追也。天下有道，圣人成③焉；天下无道，圣人生焉。

——《人间世》

注释： ①凤：暗指孔子。②何如：如何，怎么办。③成：有所成就。

译文： 凤凰啊凤凰啊，你能对这道德败坏的社会怎么样呢？未来没有什么好期待的，过去的事情也无法挽回。天下政治能够正常运转，那么圣人就算是成就了事业；如果天下混乱腐朽，那么圣人也就只能苟全性命了。

🌹 浅析

楚狂接舆用凤来比喻孔子，他说凤啊！凤啊！你运气不好，飞到这个衰世来。你所希望的世界，一个已经过去，永远也看不见了，一个还没有来。孔子所追求的大同世界等于是个"理想国"，几乎很难实现，但孔子却仍然义无反顾。在这个衰世，孔子虽然是只凤凰，但却比野鸡还不如。庄子在这里说明了孔子在人世间的无所逃。"天刑之，安可解。"

🌹 故事链接

有个小和尚，每天早上负责清扫寺院里的落叶。

清晨起床扫落叶实在是一件苦差事，尤其在秋冬之际，每一次起风时，树叶总随风飞舞。每天早上都需要花费许多时间才能清扫完树叶，这让小和尚头痛不已。他一直想要找个好办法让自己轻松些。

后来有个和尚跟他说："你在明天打扫之前先用力摇树，把落叶统

统摇下来，后天就可以不用扫落叶了。"小和尚觉得这是个好办法，于是隔天他起了个大早，使劲地猛摇树，这样他就可以把今天跟明天的落叶一次扫干净了。一整天小和尚都非常开心。

第二天，小和尚到院子里一看，他不禁傻眼了。院子里如往日一样满地落叶。

老和尚走了过来，对小和尚说："傻孩子，无论你今天怎么用力，明天的落叶还是会飘下来。"小和尚终于明白了，世上有很多事是无法提前的，唯有认真地活在当下，才是最真实的人生态度。

启示

孔子的命不可解，又何须再解，人间的义无所逃，所以也不必逃。社会上没有绝对的公正和平等，如果执着于此，那么人生就生无可言了。人生天生不平等的命可以认，那么就把社会上绝对的不公正的义当作是天生不平等的命。当把义看作是命时，这种对义的不平感就可以找到放下的地方了。总之，不要执着于不可改变的东西。

安时而处顺，哀乐不能入也

适来①，夫子②时也；适去，夫子顺也。安时而处顺，哀乐不能入也，古者谓是帝之县解③。

——《养生主》

注释：①适来：偶然来到世上。②夫子：指老聃。③帝之县解：自然地解脱。县（xuán）：同"悬"。

译文：偶然来到世上，你们的老师老聃他应时而生；偶然离开人世，你们的老师也顺时而死。安于天理和常分，顺从自然和变化，哀伤和欢乐便都不能进入心怀，古时候人们称这样做为自然的解脱，如同脱离了倒悬之苦。

浅析

生命的过程是无法改变的，既无法预料它的来到，也无法阻止它的离去。在这种情况下，只能理解，然后心平气和地接受它的来去。而不能因为出生带来的喜悦和死亡带来的哀愁而改变生命的进程，所以它们不应该在心底掀起惊涛骇浪，如果它们长驻心间，那么势必会对身体造成伤害。哀乐不入于心，是真正的对内心世界的呵护。

故事链接

Do not stand by my grave and weep. I am not there. I do not sleep.
不要站在我的墓前为我哭泣。我不在那里，我不曾睡去。

I am in a thousand winds that blow, across Northrend s bright and shining snow.
我是万千呼啸的风，飘过白雪皑皑的诺森德。

I am the gentle showers of rain, on westfall's fields of goden grain.
我是柔和细腻的雨，洒在西部荒野的金色稻田。

I am in the drums loud and grand, the thunderous hooves across Nagrand.
我是威武雄壮的鼓，踏过无限草原纳格兰。

I am the stars warmly gleaming, over Darnassus softly dreaming.
我是温暖闪耀的星，照耀达纳苏斯的静谧长眠。

I am in the birds that sing. I am in each lovely thing.
我是歌唱的鸟，我存在于一切的美好。

Do no stand by my grave and weep. I am not there. I do not die.
不要站在我的墓前为我哭泣。我不在那里，我从未离去。

这是游戏《魔兽世界》里的一个发布生死任务的NPC的自白，字里行间都充满了对生死的洒脱，生命和死亡都变得非常缥缈，仿佛与宇宙同化，这是一种超越了生死的大境界。我们可以把游戏中的生死看得非常平淡，因为生死的过程只是瞬间，死了还可以原地复活，但是在现实生活中，我们又是否能达到这种超越生死的大境界呢？在现实的人生中，我们有太多的羁绊，有太多的等待和希冀，所以面对死亡我们会有所不甘，会无法承受死亡的代价。

庄子让我们明白生死之间有真道，它不是游戏里的生死瞬间的转化，而是对生死真正的超越。人，赤裸裸地诞生，走时，也不能带走任何东西，"质本洁来还洁去"，生命之间本就是一个"无"字，那么在心中又何须计较太多呢？

泛若不系之舟，虚而敖游者也

巧者劳而知①者忧，无能②者无所求，饱食而敖游，泛③若不系之舟，虚而敖游者也。

——《列御寇》

注释：①知（zhì）：通"智"。②无能：即无为。③泛：漂浮。

译文：善使机巧者身心疲惫而聪慧者多有忧患，无为之人一无所求，能够吃饱之后四处遨游，就像没有系住缆绳的船一样，心境空旷而四处漂浮。

浅析

物必以智巧困弊。惟圣人泛然无系，譬彼虚舟，任运逍遥。圣人之所以能够遨游是因为"无系"和"虚"。"系"和"虚"都是作用在舟上的。舟比喻自己，"不系"就是没有牵挂，任何的外物都不能影响自己；"虚"就是"虚己"。"虚己"有两个功能：虚而无，虚可以把一些执着的东西化解掉；虚而大，大就可以包容万物。所以不系的虚舟就能够逍遥而游。

故事链接

著名作家二月河说过这样的话："我曾经做过设想，什么情况是我感觉满意的程度呢？我走在大街上看到有卖烧鸡的，不用盘算我能不能买得起，买了后果会怎样，而能不假思索地买下来，这就是我的富裕理想。我现在达到的程度，已一百倍地超过我的理想，我感激读者，感激上苍。我没有家财万贯，也不像报纸上说的那么富有，但是我不会为生计感到发愁、忧郁。"巧者劳而知者忧，无能者无所求，饱食而敖游，泛若不系之舟，虚而敖游者也。"二月河凭借虚游二字成就了自己的"三部曲"。

启示

在生活中，无论我们有多高明的才智和远大的抱负都要做到心虚如镜，观照万物。心虚如镜才能使物不留于心，能够不执着于物，因为执着就是和自己过不去。观照万物，就是用心眼去看世间万物，这样才能看清世界的真相和人间的真情，明白真相，理解真情，才会活得天真。这样才能够遨游无阻。

不能自胜而强不从者，此之谓重伤

不能自胜则从①，神②无恶③乎？不能自胜而强不从者，此之谓重伤④。重伤之人，无寿类矣。

——《让王》

注释：①从：顺从。②神：精神。③恶：厌恶。④重（chóng）伤：双重伤害。

译文：无法战胜自己就顺其自然，精神难道不会厌倦吗？不能战胜自己却还要强迫自己不顺从的，这就是双重的伤害。受到双重伤害的人，是不会长寿的。

浅析

中山公子想隐居，却又放不下荣华富贵，中山公子的左右为难其实就是一种双重伤害。为什么是双重伤害呢？因为人已经在迷失本性之后适应了另一种生活，想要恢复本性却又找不到途径，如果要强制恢复，则是一种虚伪，是人性在扭曲之后的再次扭曲，所以说想要强制改变已经适应了的生活就是一种双重伤害。

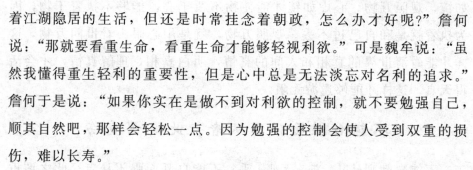

故事链接

中山公子魏牟对詹何说："虽然我过着江湖隐居的生活，但还是时常挂念着朝政，怎么办才好呢？"詹何说："那就要看重生命，看重生命才能够轻视利欲。"可是魏牟说："虽然我懂得重生轻利的重要性，但是心中总是无法淡忘对名利的追求。"詹何于是说："如果你实在是做不到对利欲的控制，就不要勉强自己，顺其自然吧，那样会轻松一点。因为勉强的控制会使人受到双重的损伤，难以长寿。"

启示

人在抉择的时候，总是有些挣扎，选了这个，又害怕失去那个，当左右为难到某种程度的时候，就可能两个都失去了，从而形成双重伤害。人生很多时候都是在选与不选、为与不为之间徘徊不定，殊不知这样正是在伤害自己，这比单纯地选一个或做一件事更让人痛苦，因为要逼迫自己放弃另一个。所以在这个时候顺其自然，伤害就能少一点。

盗亦有道

故跖①之徒问于跖曰："盗亦有道乎?"跖曰："何适②而无有道邪!
夫妄意③室中之藏,圣也;入先,勇也;出后,义也;知可否,知④
也;分均,仁也。五者不备而能成大盗者,天下未之有也。"由是观
之,善人不得圣人之道不立,跖不得圣人之道不行。

——《胠箧》

注释:①跖:原指大盗盗跖,后用以泛称盗贼。②何适:怎么会。
③妄意:猜测。④知:同智,智能之意。

译文:所以盗跖的徒弟问盗跖说:"盗也有道吗?"盗跖回答:"怎
么会没有道呢!他要猜测屋里有没有宝藏,这就是圣;带头闯进去,
就是勇;最后才出来,就是义;斟酌判断能不能下手,就是智;平均
分赃,就是仁。若没有具备这五样功夫而能成为大盗者,这是天下绝
对没有的事。"这样看来,善人如果不懂得圣人之道便不能自立,盗跖
若不懂得圣人之道便不能横行天下。

🌹浅析

这段文字是《庄子·胠箧》篇中最脍炙人口处,将儒家五德"圣、
义、智、仁、勇"之思想精华,融会贯通贬低成盗匪之道。从师父盗
跖的分析,"盗亦有道",考验这些梁上君子圣、义、智、仁、勇的素
养。如何表现呢?首先要先能猜测室内是否藏有宝物,这是圣贤的功
夫;其次要有足够的勇气,带头闯进去;再来要有义气,等到最后才
离开;知道可不可以下手,要靠智能判断;出去后不贪心,平均分赃
则是仁义的表现。能做到这五项修行,才有资格当上大盗。乍看不禁
令人莞尔一笑,故意诋毁儒家对人性正面的诉求,再加以扭曲为"盗
亦有道"。这种改编手法,今日看来不足为奇,但在古代文献可是少见

的幽默，歪理中蕴含巧思与趣味。"盗亦有道"于是成功蜕变为道家抵制儒家五德的方法，也受到民间的重视。至今仍时常可听闻"盗亦有道"，尤其是对劫富济贫、侠义之盗的美称。

故事链接

先秦时期楚国与齐国两国对立，楚国的将领子发特别喜欢用会术数、技道之人。有一天来了一个小偷，愿意效忠子发，子发接到门房通知，连忙正襟衣冠、以礼接见这位梁上君子。左右侍仆对子发说："小偷是天下之盗也，为何需要待之以礼？"子发却不以为意。后来齐国果然出兵伐楚，这位偷者于是跟子发说："臣有薄技，愿为君行之。"接下来几天偷者夜探敌营，先偷得齐国将军帐幕，隔天又偷其枕头，后天偷其发簪。隔天白日小偷将他得手的物品交给子发，子发就命人归还齐国将军。一次、两次、三次之后，齐国将军不禁闻之丧胆，敌方竟然有办法一而再地混入军事重地，于是跟他部下说道："再不撤退，改天楚国要的就是我的人头了。"齐国连忙退兵。

启示

即使是盗贼也有盗贼的行为规范和道德标准，更何况从事各行各业的人们，无论从事什么样的工作，都要遵从自己的行为标准去行事。

以随侯之珠弹千仞之雀，世必笑之

以随侯之珠①弹②千仞之雀，世必笑之，是何也？则其所用者重而所要者轻也。夫生者，岂特③随侯之重哉！

——《让王》

注释： ①随侯之珠：随珠，又称"隋珠"，古时与和氏璧并称的珍宝。②弹（tán）：用弹弓射。③特：仅仅。

　　译文： 用随珠来打高处的飞鸟，一定会被世人所嘲笑，为什么呢？因为他所使用的东西珍贵而其想要取得的东西的价值却很小。而生命难道只具有随珠那样的价值吗？

🌹 浅析

　　随侯曾救治过一条受了伤的大蛇，后来大蛇衔了一颗直径约一寸的夜明珠来报答他。这颗宝珠因此被叫做"随侯之珠"。用"随侯之珠"作弹丸打飞雀，这是极不合算的，比喻所用代价太大而收获太微。鲁哀公听说颜阖非常贤明，就派人给他送礼物请他出山。贫穷的颜阖不受。庄子就此事发表感慨，颜阖无意于富贵，富资送上门，他却不欢迎，这样的人很难得。而那些不惜牺牲生命去追求富贵的人就如同"以随侯之珠弹千仞之雀"的人一样。

🌹 故事链接

　　在阿尔及利亚的首都阿尔及尔地区，有一种捕猴子的方法：用一种独特的瓶子，当猴子的爪子在张着的时候可以伸进去，而攥上拳头后就出不来了。猴子们夜里来偷米的时候，把它细细的爪子顺着瓶颈塞进去，而当它抓住一把米的时候

爪子就出不来了。其实只要它们把爪子松开也就可以出来了，但是没有一只猴子愿意这么做。

生命的重要性在一些具体的物质和利益面前很容易被忽略，所以在暴富之后很容易做出荒淫无度的事，从而损害生命健康。所以为了避免做出这种随珠弹雀的傻事，我们应该时刻打开心眼，多看到自己，而不是身外之物。

唇竭则齿寒

天下之善人少而不善人多，则圣人之利天下也少而害天下也多。故曰，唇竭①则齿寒，鲁酒薄而邯郸围，圣人生而大盗起。掊击②圣人，纵舍③盗贼，而天下始治矣。夫川竭④而谷虚，丘夷⑤而渊实。圣人已死，则大盗不起，天下平而无故矣。

——《胠箧》

注释：①竭：无、亡之义。②掊击：抨击、打倒。③纵舍：释放。④川竭：川流枯竭。⑤丘夷：丘陵夷平。

译文：天下的善人少而不善的人多，所以圣人有利于天下的少而危害天下的多。因此说嘴唇没了牙齿便感到寒冷，鲁国的酒淡薄而让赵国首都邯郸被围，圣人所生之地却是大盗所起之处。唯有打击圣人、释放盗贼，天下才得以太平。就好像溪谷空了，河流便干枯，丘陵夷平，深渊便被填满的道理一样。圣人死了，大盗就不会兴起，天下便会太平无事了。

🌸 浅析

庄子所谓"唇竭则齿寒"之意，等同成语"唇亡齿寒"，但故事来源不同。"唇亡齿寒"典故来自《左传》，春秋时期晋国想借道虞国攻打虢国，当时虞国大夫宫之奇向国君建言："虢，虞之表也；虢亡，虞必从之。晋不可启，寇不可玩。一之为甚，其可再乎？谚所谓'辅车相依，唇亡齿寒'者，其虞、虢之谓也。"意思是说，虢国与虞国是互为屏障，虢国灭亡，虞国也必定不保。晋国盗寇扩张的野心不可助扬。一次借道已经够了，怎可再来第二次？谚语说："面颊与牙床相依，亡唇齿必寒"，就是指虢国与虞国的情形吧！

不论是"唇竭则齿寒"、"辅车相依"或"唇亡齿寒"，都是比喻两者关系密切，是利害与共之生命共同体。

故事链接

宋朝武将最为人所熟悉的莫过于韩世忠、岳飞一辈，但在他们之前北宋尚有一大将，即素有"夜叉"之威名的王德。王德字子华，通远军熟羊砦人，以武勇效身军师，所向无敌。一次他单枪匹马、手到擒来敌方太师，当皇帝宋钦宗质问阶下囚时，对方畏畏缩缩吐出："臣就缚时，止见一夜叉耳。"于是"王夜叉"之名号不胫而走，王德的显赫战功也从此而立。但匹夫难敌时势狂潮，宋朝后来还是偏安南迁。当金人从合肥过江入侵江南时，朝廷中有人建议弃守江淮移重兵转守南岸，但王德反对。他说："淮者，江之蔽也，弃淮不守，是谓唇亡齿寒也。"且金人远从千里而来，若砍断其粮饷运送，必可夺其气脉，抢得先机。王德于是请益当前锋，越江攻敌，果真如其所料，后来金人就不敢轻易率兵南下。

启示

嘴唇没有了，牙齿就会感到寒冷，形容事物是彼此相依的，舍弃其一就会影响到另一半，因为它们是共存亡的。弱小的势力相依为命，应该联合对抗外敌。只要没有了一个，另一个必定会死得很惨或者大败。只有相互依存，才可以生存更久。为人处世要把目光放远。

天不产而万物化，地不长而万物育

天不产而万物化①，地不长而万物育，帝王无为而天下功②。

——《天道》

注释： ①化：开化，生长。②功：治理得很好。

译文： 上天无意于要产生什么而万物却化生了，大地无意于要长出什么而万物却长成了，帝王能够无为而天下自然就会治理得很好。

🌹 浅析

对自然和国家都要做到无为而治。老子云："人法地，地法天，天法道，道法自然。"客观事物的天然物性是其固有的本性。因此，"自然"决非人类活动的结果，也不带任何主体意识、主观意志。"自然"与"人为"是一个相对立的概念。"自然"是事物内在的客观规律。所以要保证事物的正常发展就要"道法自然"，这就是尊重事物发展的客观规律。

🌹 故事链接

年过半百的老虎为弥补没当校长的遗憾，投资办了一所森林动物学校。在学校招生咨询会上，家长问："你的学校同别的学校有什么不同？"老虎说："我们培养的是样样会，其他学校只包你一样两样。"森林和人世间一样，个个望子成龙，这年招了不少学生。可好景不长，开学一个月后，鸭子要求退学，他说："我们鸭子，祖祖辈辈都在水里，只会游泳，却让我们学跑，样样会太累了。"第二个退学的是兔子，他说："我只会跑，却被逼着去游

泳，差点淹死。"三个月后所有的学生都退学了。

🌹启示

大人们在教育孩子的时候，经常会遇到这样的情况：孩子趴在窗台上看了一下午的小鸟，有人就会说，有趴在窗台上的时间还不如去练弹琴，说不定还能考个好成绩，看鸟能有什么用；孩子在花园里看花，有人就会说，有看花的时间还不如去画画，说不定还能够成为画家。可是看鸟和看花真的就不如弹琴和画画吗？看鸟的孩子成为了一个鸟类专家，看花的孩子成了一个植物学家。所以，培养孩子也要无为，要懂得尊重孩子的兴趣。

知命不能规乎其前，丘以是日徂

吾一受其成形①，而不化以待尽②，郊物而动，日夜无隙，而不知其所终，薰然其成形，知命不能规乎其前，丘以是日徂③。

——《田子方》

注释：①形：形体。②尽：衰亡。③徂（cú）：成为过去。

译文：我一旦禀受天所赋予的形体，就不会转化为其他形体而等待天命的衰亡，随外物的变化而相应行动，日夜不停从无间隙，而且竟不知其终结所在，是温和而自然地聚成了现在的形体。我知道命运不能够预先窥见，我只是天天跟随变化而推移。

🌹浅析

这句话告诉我们要顺命，因为生命的过程由生到死是不可改变的，所以我们要顺应生死的结局，这样我们才不会因为生命中的各种插曲而改变对生命的看法。庄子主张顺命，但不信命。上天铸就了现在的形体，这是无法控制的，所以只有顺应它，并欣然接受它。但我们也不能因为这样而消极地信命，总之，活着是为了自己而不是为了别人。

有一个秀才在赶考之前做了一个梦，梦见他在墙上种白菜，在下雨天戴着斗笠，还打着伞。于是，他找到一个算命先生要求解梦。算命先生要他别考了，说："在墙上种白菜不是白费心思吗？戴了斗笠还打伞不是多此一举吗？"秀才回到旅馆，打算马上回去，店老板却说他也会解梦：在墙上种白菜不就是高中吗？戴斗笠了还打伞不是有备无患吗？秀才听说后就去参加考试了，结果秀才真的中了探花。

启示

很少有人能以坦然的心境面对人生，而总是患得患失，所以才喜欢把决定权交给别人，这样一旦有过错，那自己的责任也会少一点。既然生死都是无法控制的，那么无论怎样生命都会走完它的过程，那为什么就不能坦然面对这个过程中的得与失呢？这样生命将会更加的自然和美丽。

弃千金之璧，负赤子而趋

子桑雽①曰："子独不闻假人之亡②与？林回③弃千金之璧，负赤子④而趋。或曰：'为其布与？赤子之布寡矣；为其累与？赤子之累多矣；弃千金之璧，负赤子而趋，何也？'林回曰：'彼以利合，此以天属也。'夫以利合者，迫穷祸患害相弃也；以天属者，迫穷祸患害相收也。夫相收之与相弃亦远矣。"

——《山木》

注释：①子桑雽（hù 或作雩，音 yú）：隐者名。②假人之亡：假，国名也；亡，灭亡也。③林回：假国灭亡后，其逃民之姓名。④赤子：初生的婴儿。

译文：子桑雽说："你没有听说假国人逃亡的故事吗？林回舍弃价值千金的玉璧，背着婴儿逃走。有人说：'是为了钱财吗？婴儿的价值很少；为了累赘吗？婴儿的累赘更大。舍弃了千金的玉璧，背着婴儿逃走，是为什么呢？'林回说：'我和玉璧是利的结合，我和婴儿是天性的关联。'以利而结合的，受到窘迫祸患的时候，就互相遗弃了；以天性相关的，遇到窘迫祸患的时候，就互相收留了。互相收留的和互相遗弃之间，相差得很远。"

🌹 浅析

汉人翟公于文帝时曾任廷尉一职。在他当官时，每天拜访他的客人很多；被贬官后，则门庭冷落，几乎门可罗雀。待其复职后，从前的宾客又纷纷上门，于是他在大门上贴上一张纸："一死一生，乃知交情。一贫一富，乃知交态。一贵一贱，交情乃见。"可见在贫贱富贵的交替过程中，最可看清人情世态的炎凉。

🌹 故事链接

清康熙年间，文人吴兆骞因罪被流放东北。他的朋友顾贞观想将他赎回来过几天安定日子。顾贞观叩拜达官贵人为赎金集资，同时还想请结有权势的纳兰容若帮忙，但纳兰容若对顾贞观提出的要求难于点头。顾贞观只得拿出他为思念吴兆骞而写的词作《金缕曲》给纳兰容若看，其词云："季子平安否？便归来，平生万事，那堪回首。行路悠悠谁慰藉，母老家贫子幼。记不起、从前杯酒。魑魅搏人应见惯，总输他、覆雨翻云手。冰与雪，周旋久。泪痕莫滴牛衣透，数天涯、依然骨肉，几家能够？比似红颜多命薄，更不如今还有。只绝塞、苦寒难受，廿载包胥承一诺，盼乌头马角终相救。置此札，君怀袖。"词句表达了人间朋友的至情，终于说服纳兰容若。而顾、吴二人间感人的珍贵友情，也因此流传后世。

🌹启示

朋友有"君子"、"小人"之交的分别，主要在于友情是以真实的情感或一时利益为基础的不同。君子之交淡如水的原因，在于其交往时互敬互重，是细水长流，故不会断绝。而因利益吸引而互相结合的朋友关系，虽如甜酒般甘醇诱人，但结果是让人陷入沉醉而不能自拔。

终身役役而不见其成功，苶然疲役而不知其所归

一受其形，不亡以待尽①。与物相刃②相靡，其行尽如驰，而莫之能止③，不亦悲乎？终身役役④而不见其成功，苶然⑤疲役而不知其所归⑥，可不哀邪？人谓之不死，奚益！其形化，其心与之然。可不谓大哀乎？

——《齐物论》

注释： ①不亡以待尽：形容常驻不变而等待耗尽。②刃：比喻矛盾。③止：停止。④役役：形容劳苦不休。⑤苶（niè）然：精神不振，疲倦之极。⑥所归：归宿。

译文： 人一旦得到禀受，便会成为形体，有了形体，就不应当参与外界的变化，直到形体自然消亡为止。而人们却任其与外物互相戕害，互相折腾，任其消亡有如奔马一样，简直没有什么办法能使它们停止下来，这样，不也很可悲吗？终身劳苦奔波，却看不见他有什么

成功；一辈子疲惫困顿，却不知道自己的归宿，这样还不悲哀吗？

浅析

一个人，就像一条欲望的小溪，它流淌着的正是人们的各种欲望。人类社会却似一个永远不会干涸的欲望海洋，似乎随时都可能掀起波涛和巨浪。

人被欲望控制着，人是欲望的奴隶。中国道家思想创始人老子在《道德经》中，把这种欲望叫作"道，"称它是"天地之始，万物之母"，是主宰人类一切活动的本源。

故事链接

在《红楼梦》第一百一十七回中，有一段贾宝玉与和尚的谈话，那贾宝玉对和尚说："弟子请问师父可是从太虚幻境而来？"那和尚道："什么幻境，不过是来处来、去处去罢了。我是送还你的玉来的。我且问你那玉是从哪里来的？"宝玉一时对答不来。那和尚笑道："你的来路还不知，便来问我。"宝玉本来颖悟，又经点化，早把红尘看破，只是"自己的心里未知"，一闻那僧问起玉来，好像当头一棒，便说："你也不用银子了，我把那玉还你罢。"那僧笑道："早该还我了。"

宝玉听闻和尚所说的话，始才知道此不幸的生活是因为自己的欲望，但是这个欲望既无法摆脱，自己也无法控制，所以才有还玉之言。所谓"玉"者，就是"欲"的意思，也就是生活之欲望之代表而已。

启示

人在天地间产生之后，虽然不会立即死亡，但是若不知爱惜节制，身陷七情六欲的诱惑，外在的世界不断地变动，而人也不断地穷于应付，时时受到外物的支配折磨，终生在身不由己的劳苦奔波之中，虽然说形体没有死亡，但是又有什么意思呢？

所以，庄子说："哀莫大于心死，而身死次之。"意思是人最悲哀的事莫过于心死，而身体的死亡反而是次要的。

山木自寇，膏火自煎

山木自寇①也；膏火②自煎也。桂可食③，故伐之，漆可用，故割之。

——《人间世》

注释：①寇：砍伐。②膏火：指灯烛。膏指油膏。③桂可食：桂皮可做药，所以说可食。

译文：山上的树木，有的做了斧柄，还来砍伐自己；油膏引燃了火，结果将自己烧干。桂皮可以吃，所以人们才砍伐它；漆树可以利用，所以人们才割它。

🌹 浅析

皮毛丰美的狐狸和身上有彩纹的豹，在深山远地中栖息，在岩穴里藏匿；白天伏居夜晚才出来，即使饥渴不堪，也要远到没有人的地方去觅食，相当谨慎。然而还是不能避免罗网和机关的祸害，就是因为身上有好看的毛皮为它带来的灾害啊！

🌹 故事链接

有一个叫匠石的木匠带了他的徒弟要去齐国，经过曲辕这个地方，看见土地公庙旁有一棵大的栎树，树的粗干圆径有百围，用它的材料可造十几艘船。围观的人非常多。可是匠石连看都不看，往前走去不停止。他的徒弟看了一番，才追上匠石说："自从我们追随先生学手艺，还未曾见过如此好的材料，先生却连看都不看往前走去，这是为什么呢？"匠石说："罢了，不要再多说吧！那是'散木'，没有用的木头，用来做船，船就要沉；用来做棺材，是会腐败的。"到了半夜，匠石梦到这棵栎树来到他的梦中，并对他说："你说我是个没有用的'散木'，要是我对人真的有用，早就被人砍去当材料，我哪还能长得这么高大，你这无用的'散人'怎么知道'无用'的好处呢？"

🌹启示

在现今的社会，有人喜欢成为大人物，但随之而来的是失去各种自由，反而不如一介平民来得快乐！

举世而誉之而不加劝，举世而非之而不加沮

故夫知①效一官，行比②一乡，德合一君而③征④一国者，其自视也亦若此矣。而宋荣子犹然笑之。且举世而誉之而不加劝⑤，举世而非之而不加沮⑥，定乎内外之分，辩乎荣辱之境，斯已矣。彼其于世，未数数然⑦也。虽然，犹有未树⑧也。

—— 《逍遥游》

注释： ①知：通智，才智。②比：合于、顺于。③而：古字中"而"与"能"相通。④征：取得信任。⑤劝：奋勉、鼓励。⑥沮：沮丧。⑦数数然：急促的样子。⑧树：动词，树立之意。

译文： 因此有些人才智可以胜任一官，行为可以合于乡里规范，德行可以投合于一君、能取得一国之信任，这种人因此自鸣得意就好像不知天高地厚的小麻雀。而宋荣子嗤笑他们。宋荣子能够做到全天下都赞誉他也不感到奋勉，全天下非议他也不感到沮丧。他能够判断内在与外物的区别，明了荣誉与屈辱的差别，就是如此而已。他对于

世俗的事物并不汲营求取。虽然如此，光有这样还是有所不足。

🌹**浅析**

庄子虽认为宋荣子的功夫还不到家，但能够"举世而誉之而不加劝，举世而非之而不加沮"，已是平常人难以完成的目标。要做到"举世而非之而不加沮"并不那么困难，但要有"举世而誉之而不加劝"的修养，可就不是件简单的事。事实上我们常常可以看到"举世而非之而不加沮"这一类型的人，他们往往固执己见，有着"虽千万人吾往矣"的壮志情怀。另一方面，却常常缺乏深思熟虑，自我膨大数百倍，以为天下唯有"己"可以任。因此若将"举世而誉之而不加劝，举世而非之而不加沮"两相比较，相对来说，"举世而誉之而不加劝"的人更少，能不受"美言"所惑，实在困难。

🌹**故事链接**

宋代改革家王安石，早年就怀有经世济民之志，曾云："飞来峰上千寻塔，闻说鸡鸣见日升。不畏浮云遮望眼，自缘身在最高层。"这首《登飞来峰》淋漓尽致地表现出王安石刚毅不移的个性。后来他果然凭着个人的才华傲气，得到宋神宗的重用，且上表变法，不畏朝野上下的反对，一心一意执行改革。当反对党如欧阳修、司马光、苏轼质疑他时，王安石不仅不为所动，甚至更坚定其信心，扬言"当世人不知我，后世人当谢我"。王安石心中所坚守的理念即是"天变不足畏，祖宗不足法，人言不足恤"三不足的态度。这是《宋史·王安石传》对他的事迹记录，也是对他最为切要的评论，此后遂为王安石的一生定论。

王安石可以撤，但新法一定要实行！积弊一定要革除！

庄子对于所谓"逍遥游"的定义区分为二，形游与神游，二者相辅相成，臻于最高境界。为了能够让形神皆逍遥，庄子举出几个破执去偏的要法，如破生死、通物我、去机心、泯是非、除成见，到达最后的"以道观之"。本篇名句即是属于"破"的部分，作者要人破除世俗外物的羁绊，从无功、无名到无己，而与天地自然相通。

豹养其内而虎食其外，毅养其外而病攻其内

田开之曰："鲁有单豹者，岩居而水饮①，不与民共利，行年②七十而犹有婴儿之色；不幸遇饿虎，饿虎杀而食之。有张毅者，高门、县薄③，无不走④也，行年四十而有内热之病⑤以死。豹养其内而虎食其外，毅养其外而病攻其内，此二子者，皆不鞭其后者⑥也。"

——《达生》

注释：①岩居而水饮：隐居在岩洞之中，喝山间的泉水，指隐居于山林之中。②行年：年纪。③高门、县薄：高门，高大的门户；县薄是门前挂着帘帐用以遮蔽。前者是指富贵人家，后者是指平民百姓。县音 xuán，悬挂；薄，帘子。④走：奔走，指接触、往来。⑤内热之病：中医人体内阴阳不协调，虚火上升叫作"内热"。这里是指由体内而产生的病痛。⑥鞭其后者：用鞭子驱赶走在后面的（羊）。指行走在两个极端，而不能折中。

译文：田开之说："鲁国有一个叫单豹的人，他隐居在岩洞之中，喝山间的泉水，不与人争夺名利，年纪70岁了，还是有婴儿般的脸色；不幸碰到饿虎，饿虎将他扑杀吃掉了。另外有一个人叫张毅，无论是富贵人家，或者一般平民百姓，没有不去奔走交往的，年纪40岁得了内热病而死。单豹修养内在而虎吃他的外形，张毅追求外在而疾病侵入他的体内，这两个人，都是没有赶走落后的羊啊。"

隐士看破名利、纵情于山林的生活态度，一直为中国文人羡慕向往。在这里所提到的隐士单豹，他"岩居而水饮，不与民共利"的形象，自然也被后人所推崇。唐代的散文家、寓言家柳宗元，曾写了一首《种术》诗，当中就提到了单豹的典故，诗云："悟拙甘自足，激清愧同波。单豹且理内，高门复如何。"用深居理内的单豹与奔走高门的张毅对比，认为人应当要持守清廉朴拙，不与人同流合污，如同单豹那样致力于修养自己的内在，而家门显赫的富贵人家，于我又何干呢？自然也不必如张毅一般，汲汲营营于富贵名利。

故事链接

田开之有一次去见周威公，威公知道他是善于养生的祝肾的学生，于是问他在祝肾那边学到了什么养生的方法。田开之回答："我只是在老师的门前，拿着扫帚洒扫门庭而已，还没能学到什么。"威公请他不要谦虚了。田开之于是回答："曾听老师说过：'善于养生的人，就像放牧羊只一样，看见落后于队伍的，就用鞭子去驱赶它。'"威公不懂其中的意思，于是田开之举了单豹和张毅的例子作为说明。

单豹跟张毅分别走在两个极端：单豹因为清心寡欲，居住在深山之中修养德行，但却被饿虎吃掉了外形；张毅与权势富贵者往来，希望求取外在的名利，却被疾病攻入内心。二者都各偏执于一边，也就是祝肾所说的，没有鞭赶落后的羊，达到折中之道，因此最后形体终究是消逝了。

启示

最大和最精小的不限于形迹，大小、贵贱、是非和功用也都不是绝对的，都是可以改变而没有一定的；所以不要以人事毁灭天然，不要以造作损伤性命，顺着自然的变化，回复天真的本性。